Udo Schnelle

Wandlungen im paulinischen Denken

Stuttgarter Bibelstudien
137

Herausgegeben von
Helmut Merklein und Erich Zenger

Udo Schnelle

Wandlungen im paulinischen Denken

Verlag Katholisches Bibelwerk GmbH
Stuttgart

CIP-Titelaufnahme der Deutschen Bibliothek

Schnelle, Udo:
Wandlungen im paulinischen Denken / Udo Schnelle. –
Stuttgart: Verl. Kath. Bibelwerk, 1989
(Stuttgarter Bibelstudien; 137)
ISBN 3-460-04371-7

NE: GT

Gesamtherstellung: Wilhelm Röck GmbH, Weinsberg

Inhaltsverzeichnis

Vorwort

Die Frage nach Wandlungen im paulinischen Denken ist in den letzten 10 Jahren nicht nur in das Zentrum der Paulusforschung gerückt, sie löste auch eine zum Teil kontroverse Debatte aus. Dies ist verständlich, denn nicht nur viele Daten und Aspekte der urchristlichen Theologiegeschichte wurden problematisiert, sondern auch die Frage nach der Einheitlichkeit der paulinischen Theologie stellte sich neu. Diese Studie versucht, zur begrifflichen und sachlichen Klärung der Thematik beizutragen. Dabei geht sie nicht mit einer vorgefaßten Geschichtstheorie an die neutestamentlichen Texte heran, sondern ihr alleiniger Ausgangspunkt ist der Textbefund, den sie analysiert und interpretiert.

Erlangen, im September 1988 Udo Schnelle

1. Einleitung

Seit langem führte die Vielschichtigkeit und Vielfalt der paulinischen Theologie Exegeten zu dem Urteil, eine differenzierende Interpretation paulinischer Texte müsse Wandlungen in den Anschauungen des Apostels mitbedenken. 1824 veröffentlichte Leonhard Usteri eine Studie mit dem Titel „Entwickelung des Paulinischen Lehrbegriffs. Ein exegetisch-dogmatischer Versuch", in der er die Entwicklung der paulinischen Lehrbegriffe einem Vergleich mit den übrigen Schriften des Neuen Testaments unterzog. Dabei vermerkt Usteri ausdrücklich, es sei der Nachteil dieses primär systematisch orientierten Entwurfes, „dass dabey die allmählige Entwickelung und historische Ausbildung der Lehre des Paulus nicht in die Augen fällt. Denn eine solche wird man doch zugeben müssen, wenn man nicht annehmen will, sein ganzes so wohl gebautes und vollendetes System sey auf Einen Schlag fertig gewesen und später kein Jota weder dazu noch davon gekommen. Doch dagegen sind seine eigenen Schriften das lauteste Zeugnis"[1]. Von einer „organische(n) Entfaltung und lebensreiche(n) Fortbewegung"[2] des paulinischen Denkens, einer „Entfaltung der paulinischen Lehre"[3] spricht dann 1869 der Königsberger Privatdozent Friedrich Sieffert. Hermann Lüdemann sieht 1872 eine Entwicklung innerhalb der paulinischen Anthropologie von einer jüdisch-juridischen hin zu einer hellenistisch-dualistischen Erlösungslehre.[4] Um die Jahrhundertwende ist es dann William Wrede, der das allmähliche Entstehen der paulinischen Lehre betont. „Athene sprang gewappnet in voller Kraft aus dem Haupte des Zeus hervor. So ist die Theologie des Paulus nicht entstanden. Sie ist gewachsen und geworden, und wir begreifen sie wie alles Geschichtliche nur in dem Maße wirklich, als wir in ihr Werden hineinsehen."[5] Wrede formuliert damit ein Grundanliegen der religions-

---

[1] *L. Usteri,* Entwickelung, 7.

[2] *F. Sieffert,* Bemerkungen zum paulinischen Lehrbegriff, 257.

[3] Ebd.

[4] *H. Lüdemann,* Die Anthropologie des Apostels Paulus und ihre Stellung innerhalb seiner Heilslehre, Kiel 1872 (zitiert nach W.G. Kümmel, Das Neue Testament, 238): „Jetzt nachdem wir dieselbe (sc. Lehre des Apostels Paulus, U.S.) in allen ihren Theilen genetisch zu begreifen gesucht haben, ist uns auch die Stellung ihrer verschiedenen Elemente zu einander klar geworden; wir haben erkannt, dass in steter Wechselwirkung mit der Entwicklung der Anthropologie, im Mittelpunkt der paulinischen Soteriologie sich eine bemerkenswerthe Wandlung vollzieht."

[5] *W. Wrede,* Paulus, 74.

geschichtlichen Schule, welche die Theologie nicht als ein feststehendes, vom persönlichen Erleben und von religiösen Umwelteinflüssen abgehobenes Lehrsystem auffaßte, sondern auch die urchristliche Religion in ihrer ganzen geschichtlichen Bedingtheit zu erfassen suchte. Für Paulus gilt: „Die Praxis war hier die Mutter der Theorie...“[6] Am Anfang des paulinischen Denkens stand nicht ein fertiges theologisches System, vielmehr entsprang und entwickelte sich seine Lehre wesentlich aus den Bedürfnissen der Heidenmission. So ist es nur folgerichtig, wenn Wrede die Rechtfertigungslehre als eine nur dem Juden- bzw. Judenchristentum geltende polemische Kampfeslehre bezeichnet,[7] die keineswegs die Mitte des paulinischen Denkens darstellt.

Die in Wredes Paulusbuch enthaltenen Ansätze zu einer konsequenten Darstellung des Werdens des paulinischen Denkens sind forschungsgeschichtlich nicht voll wirksam geworden. Hier trat die ‚Dialektische Theologie‘, namentlich die Paulusdarstellung Rudolf Bultmanns dazwischen.[8] Bultmann stand bewußt in der Kontinuität der liberalen Theologie und der religionsgeschichtlichen Schule, indem er aber die paulinische Theologie wesenhaft als Anthropologie begriff und interpretierte, gelangte er zu einem vornehmlich an anthropologischen Begriffen orientierten Paulusverständnis. Zudem ging Bultmann davon aus, daß Pauli „Denken und Reden aus seiner theologischen Grundposition herauswächst, die sich ja in Rm. einigermaßen vollständig expliziert“[9]. Sowohl diese Annahme der grundsätzlichen Einheit des paulinischen Denkens als auch der anthropologisch-hermeneutische Ansatz machten es Bultmann unmöglich, ein Werden der paulinischen Theologie zuzugestehen. In der neueren Paulusforschung wird hingegen wieder verstärkt mit dieser Möglichkeit gerechnet. So weisen Claus-Huno Hunzinger und Wolfgang Wiefel erhebliche Wandlungen in der paulinischen Eschatologie nach.[10] Georg

---

[6] AaO., 79.

[7] Vgl. aaO., 67ff.

[8] Wie sich Bultmanns Paulusverständnis mit dem Aufkommen der ‚Dialektischen Theologie‘ ab 1920 veränderte, zeigt *W. G. Kümmel,* Rudolf Bultmann als Paulusforscher, 174–193.

[9] *R. Bultmann,* Theologie, 191.

[10] Vgl. *C. H. Hunzinger,* Hoffnung angesichts des Todes, 69ff; *W. Wiefel,* Hauptrichtung des Wandels, 65ff. Entwicklungen in der paulinischen Eschatologie sind natürlich schon früher beobachtet worden, vgl. bes. *H.J. Holtzmann,* Theologie II, 215ff; *H. Windisch,* 2 Kor, 172–175; *C.H. Dodd,* The Mind of Paul II, 109–113; *H.J. Schoeps,* Paulus, 102; *J. Jeremias,* Flesh and Blodd, 198–307; *E. Bammel,* Judenverfolgung und Naherwartung, 310–315; *W. Grundmann,* Überlieferung und Eigenaussage, 17ff (vgl. ferner die forschungsge-

Strecker sieht im 1 Thess ein Zeugnis frühpaulinischer Theologie und beurteilt im Anschluß an W. Wrede die Rechtfertigungslehre als eine Spätform paulinischen Denkens.[11] Diese Interpretation wurde für den 1 Thess durch Hans-Heinrich Schade[12] und für das Entstehen der paulinischen Rechtfertigungslehre durch Udo Schnelle[13] ausgebaut und abgesichert. Eine einschneidende Entwicklung des paulinischen Gesetzesverständnisses im Vergleich zwischen dem Gal und Röm konstatieren Hans Hübner[14] und Ulrich Wilckens[15], und Heikki Räisänen sieht im antiochenischen Zwischenfall den Auslöser für die radikale Gesetzeskonzeption des Paulus und meint, das paulinische Gesetzesverständnis insgesamt sei situationsverhaftet und widersprüchlich.[16] Zwischen einer durch den 1 Thess repräsentierten Frühphase und der sich in den übrigen Briefen dokumentierenden Spätphase paulinischer Ethik unterscheidet Siegfried Schulz.[17] Schließlich läßt Gerd Lüdemanns[18] Frühdatierung des 1 Thess in das Jahr 41 zusätzlichen Raum für die Annahme, daß die paulinische Theologie durch einschneidende Wandlungen gekennzeichnet ist.

Auch in der angelsächsischen und amerikanischen Forschung wird seit langem die Frage nach Entwicklungen in der paulinischen Theologie gestellt. So rechnet C.H. Dodd[19] mit Entwicklungen in der paulinischen Eschatologie und stellt Veränderungen in der Ethik und dem Weltverständnis des Apostels fest. Nach

---

schichtliche Übersicht bei *F.G. Lang,* 2.Korinther 5,1–10, 64–92). An neueren Arbeiten sind besonders zu nennen *J. Becker,* Auferstehung der Toten, 66ff; *H.H. Schade,* Apokalyptische Christologie, 210f; *S. Schulz,* Der frühe und der späte Paulus, 229f. Skeptisch stehen Entwicklungstheorien u.a. gegenüber: *P. Hoffmann,* Die Toten in Christus, 323–329; *J. Gnilka,* Phil, 81–88; *U. Luz,* Geschichtsverständnis, 356f; *P. Siber,* Mit Christus leben, 91ff; *J. Baumgarten,* Paulus und die Apokalyptik, 236–238; *F. Lang,* Briefe an die Korinther, 290–293.

[11] Vgl. *G. Strecker,* Befreiung und Rechtfertigung, 230ff. Vgl. auch *S. Schulz,* Der frühe und der späte Paulus, passim.

[12] Vgl. *H. H. Schade,* Apokalyptische Christologie, 115ff.

[13] Vgl. *U. Schnelle,* Gerechtigkeit und Christusgegenwart, 33ff.

[14] Vgl. *H. Hübner,* Das Gesetz bei Paulus, passim. Seine grundsätzliche Position zu Wandlungen im paulinischen Denken skizziert Hübner kurz in: *ders.,* Gottes Ich und Israel, 10.

[15] Vgl. *U. Wilckens,* Entwicklung, 180ff.

[16] Vgl. *H. Räisänen,* Paul and the Law, 256ff; vgl. ferner die in dem Sammelband ‚The Torah and Christ' veröffentlichten Aufsätze.

[17] Vgl. *S. Schulz,* Ethik, 290–432.

[18] Vgl. *G. Lüdemann,* Paulus I, 195ff.

[19] Vgl. *C. H. Dodd,* The Mind of Paul II, 108–128 (Evidence of Development in the Epistles).

den Studien von C. H. Buck/F. G. Taylor[20] zur Entwicklung des paulinischen Denkens wandte sich J. W. Drane der Frage der Einheitlichkeit des paulinischen Denkens zu. Er konstatiert große Verschiebungen bei Paulus in den Bereichen der ethischen Normgebung und der Traditionsgebundenheit. So arbeitet Drane die Unterschiede zwischen Gal 1,11 ff und 1 Kor 11,23 ff; 15,3 ff heraus, wonach Paulus einmal seine Unabhängigkeit, das andere Mal seine Abhängigkeit von Überlieferungen betont.[21] Während Paulus im Gal die Freiheit des neuen Lebens im Geist hervorhebt (Gal 5,16 ff), führt er im 1 Kor massive ethische Weisungen ein (vgl. 1 Kor 4,17; 7,19).[22] Auch das Verhalten des Paulus gegenüber Petrus in Antiochia (vgl. Gal 2,11 ff) widerspricht seinen eigenen ethischen Normen in 1 Kor 8,1–13; 9,19–23.[23] Als Erklärung für die Wandlungen führt Drane die jeweils unterschiedlichen Gemeindesituationen und Gegnerfronten an.[24] Zudem sieht er bei Paulus vom Gal zum 1 Kor eine Tendenz zum Frühkatholizismus[25] und interpretiert den Röm als theologische Synthese des Gal und 1 Kor.[26]

[20] Vgl. *C. H. Buck–F. G. Taylor,* Saint Paul, passim.
[21] Vgl. *J. W. Drane,* Paul, 19 ff.
[22] Vgl. aaO., 62 ff.
[23] Vgl. aaO., 67 ff.
[24] Vgl. aaO., 99 f.
[25] Vgl. aaO., 131.
[26] Vgl. aaO., 135.

2. Begriffliches

Allein der Textbefund kann darüber entscheiden, ob sich in zentralen Bereichen der paulinischen Theologie Wandlungen vollzogen haben. Die Behauptung einer durchgängigen Einheit der paulinischen Theologie ist ebenso eine an den Texten zu verifizierende These, wie die Beobachtung, das paulinische Denken sei durch bedeutsame Wandlungen gekennzeichnet. Wer von der Annahme ausgeht, dem Apostel habe von Anfang an in vollem Umfang die sich in seinen Briefen dokumentierende Theologie zur Verfügung gestanden, muß dies an den Texten nachweisen! Bisher gingen die Bestreiter von Wandlungen im paulinischen Denken immer von der selbstverständlichen Voraussetzung aus, die paulinische Theologie stelle theologisch und historisch eine Einheit dar, ohne sich ernsthaft um die exegetische Absicherung ihrer Vorentscheidungen zu bemühen.[1] Ebenso kann die Frage nach Wandlungen im paulinischen Denken nur durch das Zeugnis der Paulusbriefe selbst beantwortet werden. Die Frage nach Wandlungen im paulinischen Denken ist also zuallererst eine historische Frage, allein aufgeworfen durch das Textzeugnis der paulinischen Briefe! Der hier gebrauchte Begriff der ‚Wandlungen' ist in einem neutralen Sinn zu verstehen: Er meint durch Textvergleiche nachweisbare Veränderungen.[2] Wie diese Veränderungen zu interpretieren sind, muß der jeweiligen Einzelexegese überlassen werden: ob als rein situationsbedingte Applikationen, als Vertiefung, Verdeutlichung oder Variation, als folgerichtige Weiterentwicklung früherer Aussagen, als Revision eines zuvor eingenommenen Standpunktes oder als völlig neue Gedanken. Es handelt sich bei diesen Möglichkeiten nicht um Alternativen, denn Situationsbedingtheit und Weiter-Denken oder Weiter-Entwicklung oder Revision früherer Aussagen oder das Entstehen völlig neuer Theologumena schließen sich keineswegs aus![3]

Wer nach Wandlungen im paulinischen Denken fragt, muß allerdings immer die mögliche Disparatheit des von Paulus aufgenommenen Mate-

---

[1] Dies mag in der gegenwärtigen Situation der Paulusforschung begründet sein, methodisch ist es nicht zu rechtfertigen.

[2] Bewußt wird auf den Terminus der ‚Entwicklung' als Oberbegriff in dieser Studie verzichtet, weil er forschungsgeschichtlich vorbelastet ist. Wo allerdings eine erkennbare Weiter-Entwicklung von Gedanken an den Texten nachweisbar ist, spreche ich weiterhin von Entwicklungen.

[3] Vgl. dazu auch *H. H. Schade,* Apokalyptische Christologie, 350f; *W. G. Kümmel,* Das Problem der Entwicklung, 457f.

rials berücksichtigen. Zudem war Paulus kein logischer Denker im neuzeitlichen Sinn und argumentierte zumeist situationsbedingt und assoziativ. Deshalb sind die Briefe des Apostels auch keine jeweils vollständigen Kompendien seiner Lehre. Paulus mußte nicht immer alles sagen, und die Entstehung eines Gedankens ist nicht immer identisch mit seiner Anwendung. Zudem ist von Wandlungen erst dann zu sprechen, wenn über mehrere Paulusbriefe hinweg innerhalb eines zentralen Themas substantielle Veränderungen feststellbar sind. All dies will mitbedacht sein, es macht aber die Frage nach Wandlungen im paulinischen Denken nicht unmöglich,[4] sondern zwingt zu präzisem Vorgehen und methodischer Umsicht.

Zweifellos sind mit der Frage nach Wandlungen im paulinischen Denken auch hermeneutische Probleme verbunden. Hat eine derartige Interpretation eine Relativierung der paulinischen Aussagen zur Folge?[5] Auf der Ebene des historischen Erkennens keinesfalls, denn nicht Relativierung, sondern Präzisierung der jeweiligen paulinischen Position gilt es zu erreichen. Die Frage nach der theologischen Wertigkeit und Verbindlichkeit einer Textaussage stellt sich hier nicht anders als bei den geläufigen Interpretationsmodellen paulinischer Theologie. Wenn Paulus selbst erkennbar eine frühere Position verlassen hat, dann entscheidet dies bereits über ihre Verbindlichkeit für den Apostel. Die Exegese muß dann aufzeigen, welche historischen Ereignisse und/oder theologischen Einsichten Paulus zu der Änderung seiner Position veranlaßten und welche Folgen sich daraus für die zur Debatte stehende theologische Sachfrage ergeben. Lassen sich innerhalb eines Themenkomplexes paulinischer Theologie keine Wandlungen, sondern allenfalls Variationen eines Grundgedankens feststellen, so gilt es, diesen aus der Vielzahl möglicher Ausdrucksformen in seinem sachlichen Gehalt herauszuarbeiten und wie bei jeder paulinischen Aussage seine theologische Wahrheit und Verbindlichkeit aufzudecken.

[4] Gegen *A. Lindemann,* Problem, 31, der meint, mit undifferenzierten Einwänden gegen Entwicklungsthesen diese bereits widerlegt zu haben.
[5] Dies behauptet *G. Klein,* Werkruhm und Christusruhm, 197.

3. Voraussetzungen

3.1. Damaskus als Ursprung und Kontinuum paulinischer Theologie?

Wenn die paulinische Theologie im Damaskuserlebnis angelegt und nichts anderes als eine Explikation dieses Geschehens ist, kann ihre Einheitlichkeit im wesentlichen als erwiesen gelten. Alle Wandlungen sind dann Entfaltungen oder situationsbedingte Applikationen der dort gewonnenen Erkenntnis. Was aber widerfuhr Paulus bei Damaskus? Läßt sich an den Selbstaussagen des Apostels nachweisen, daß im Damaskuserlebnis seine gesamte Theologie keimhaft oder bereits deutlich erkennbar enthalten war? Als Textbasis können nur die Stellen dienen, an denen Paulus erkennbar auf das Damaskusgeschehen rekurriert: Gal 1,12–16; Phil 3,4b–11; 1 Kor 9,1ff; 15,1ff.[1]

Gegen die Angriffe auf seine Evangeliumsverkündigung und sein Apostolat wendet Paulus in Gal 1,12 ein, er habe sein Evangelium nicht von einem Menschen empfangen, ἀλλὰ δι᾽ ἀποκαλύψεως Ἰησοῦ Χριστοῦ (sondern durch eine Offenbarung Jesu Christi).[2] Diese ‚Offenbarung Jesu Christi' ist wegen V. 16a (‚um seinen Sohn mir zu offenbaren') als gen. obj. zu fassen.[3] Sie veranlaßte Paulus zum Bruch mit seiner glanzvollen Vergangenheit als Jude und Verfolger der Gemeinde Gottes (V. 13f). Die Verfolgertätigkeit wird in V. 13b mit den Worten ἐδίωκον τὴν ἐκκλησίαν τοῦ θεοῦ (ich verfolgte die Kirche Gottes) beschrieben, denen eine mündliche Tradition zugrundeliegt, wie sich aus der Wendung ἐδίωξα τὴν ἐκκλησίαν τοῦ θεοῦ in 1 Kor 15,9 erschließen läßt. Gal 1,23 setzt zudem voraus, daß diese Tradition in Judäa bekannt war, wobei die Gegenüberstellung von ‚einst' und ‚jetzt' in Gal 1,23 für ein späteres

---

[1] 2 Kor 4,6 wird hier nicht berücksichtigt, weil Paulus in diesem Vers nicht ein individuelles, sondern ein für den Prediger des Evangeliums typisches Geschehen beschreibt. Zudem handelt es sich nicht um eine Vision oder Audition, sondern um ein inneres Erlebnis, und von einem ‚Sehen' ist überhaupt nicht die Rede; gegen *Chr. Dietzfelbinger*, Berufung des Paulus, 62ff; *S. Kim*, Origin of Paul's Gospel, 230f, die 2 Kor 4,6 mit großer Selbstverständlichkeit auf Damaskus beziehen.

[2] Damit betont Paulus zunächst die übernatürliche Qualität seines Evangeliums, und erst in zweiter Linie dürfte ein bestimmtes Offenbarungsgeschehen gemeint sein, vgl. *U. Borse*, Gal, 55.

[3] Vgl. *G. Strecker*, Befreiung und Rechtfertigung, 235; *F. Mussner*, Gal, 68.

Stadium der Tradition spricht. V. 15 beschreibt die Berufung,[4] V. 16 die Beauftragung zur Evangeliumsverkündigung.[5] In V. 15a betont εὐδόκησεν (es gefiel Gott) die soteriologische Dimension des Geschehens für die Person des Paulus, während die Aussonderung zur Evangeliumsverkündigung unter den Völkern den universalen Aspekt dieses Ereignisses hervorhebt. V. 16a bezieht sich auf den Berufungsvorgang, wobei ἐν ἐμοί (in mir) als einfacher Dativ zu übersetzen ist.[6] Inhalt der Paulus zuteil gewordenen Offenbarung Jesu ist allein der ‚Gottessohn', was eine ausschließlich christologisch-soteriologische Interpretation des Damaskusgeschehens nahelegt.[7] Paulus beschreibt weder die Berufung noch die Beauftragung in der geläufigen Rechtfertigungsterminologie, derer er sich im Gal kämpferisch bedient, was nahegelegen hätte, wenn bereits Damaskus der Ursprung der paulinischen Gesetzeskritik wäre. Damaskus ist nach dem Zeugnis des Gal nicht unter der Alternative Gesetz – Christus zu interpretieren, sondern hat seinen Skopus in der Christusoffenbarung als solcher, in welcher Berufung und Beauftragung gründen.
In Phil 3,4b–11 setzt Paulus sich mit judenchristlichen Gegnern auseinander, gegenüber denen er sich seiner jüdischen Herkunft und seiner Verfolgertätigkeit rühmt. All dies ist ihm aber um Christi willen zum Schaden geworden (V. 7). Die rein christologisch-soteriologische Dimension des Damaskusgeschehens wird vollends in V. 8 sichtbar, wo Paulus es als eine γνῶσις Χριστοῦ Ἰησοῦ τοῦ κυρίου μοῦ (Erkenntnis Christi Jesu, meines Herrn) beschreibt. Diese Formulierung ist bei Paulus einmalig und hat einen sehr persönlichen Charakter.[8] Die Christuserkenntnis bewirkt durch die Erfahrung der Macht des gegenwärtigen Kyrios eine radikale Neuorientierung. In V. 9 lassen sich Rechtfertigungslehre und ontologische Erlösungslehre nicht trennen.[9] Spricht Paulus einerseits von einem Gefundenwerden ἐν αὐτῷ (in ihm), so erscheint andererseits der Glaube

---

[4] V. 15 erinnert an Jer 1,1.5; Jes 49,1.5f; eine inhaltliche Parallele ist Röm 1,1.
[5] Vgl. *G. Strecker,* Befreiung und Rechtfertigung, 235.
[6] Vgl. als Parallele Röm 1,19.
[7] *P. Stuhlmacher,* Evangelium, 71; *S. Kim,* Origin of Paul's Gospel, 271. *U. Luck,* Bekehrung des Paulus, 203ff, interpretieren sachgemäß die ἀποκάλυψις Ἰησοῦ Χριστοῦ vom paul. Evangeliumsbegriff her. Wenn sie dann aber den Evangeliumsbegriff a priori antinomistisch fassen, bringen sie ein Element ein, das sich in Gal 1,12ff gerade nicht findet! Zur Kritik an dieser Position vgl. auch *H. Räisänen,* Paul's Call Experience, 67, der zu Gal 1,11ff zutreffend bemerkt: „If the possibility of hindsight is recognized, the lack of justification language appears even more striking."
[8] Vgl. *J. Gnilka,* Phil, 192.
[9] Vgl. *G. Strecker,* Befreiung und Rechtfertigung, 237.

an Jesus Christus als Ermöglichungsgrund der eigenen Gerechtigkeit (ἐμὴν δικαιοσύνην). V. 9 ist grammatisch als Parenthese zu verstehen,[10] womit auch der späte Text Phil 3 für die Auslegung spricht, „daß Paulus seine Berufung nicht ursprünglich in der Sprache der Rechtfertigungslehre, sondern im christologisch-ontologischen Sinn, als Anfang seiner Erkenntnis Jesu Christi als des Herrn, interpretierte"[11]. Zudem ist die schroffe Antithese ἐκ νόμου – ἐκ θεοῦ (aus dem Gesetz – aus Gott) offenbar durch die Situation in Philippi bedingt und darf nicht einfach in das Damaskusgeschehen zurückprojiziert werden.

War der Gottessohn Jesus Christus Inhalt der Damaskusoffenbarung, so leitet Paulus aus diesem Geschehen seine Apostelwürde ab. Sie ist ihm zumindest in Korinth bestritten worden, so daß 1 Kor 9,1ff[12] und 1 Kor 15,1ff[13] als Apologien des paulinischen Apostolats auch Auskunft geben über das Ereignis, das dieses Apostolat begründete. In 1 Kor 9,1 verteidigt Paulus seine Legitimation als Apostel zuallererst mit dem Hinweis, er habe Ἰησοῦν τὸν κύριον (Jesus den Herrn) gesehen. In Korinth wurde offensichtlich sein Apostolat mit dem Argument bestritten, er habe den Herrn nicht geschaut, wobei nicht mehr zu klären ist, ob damit auf seiten der Gegner der irdische oder auferstandene Jesus gemeint war.[14] Paulus bezieht sein ‚Sehen' auf den auferstandenen Herrn, womit Ἰησοῦν τὸν κύριον ἡμῶν ἑώρακα (ich habe Jesus, unseren Herrn, gesehen) den Inhalt des Damaskuserlebnisses angibt.

In 1 Kor 15,1ff reiht Paulus sich in die Gruppe der Auferstehungszeugen ein und leitet aus der auch ihm zuteilgewordenen Erscheinung des Herrn sein Apostolat ab. Dies ergibt sich aus der Parallelität von ὁρᾶν (sehen) in VV. 5.7.8 und dem Anschluß von V. 9 an V. 8. Erschienen ist Paulus als dem Geringsten aller Apostel Christus, d.h. auch hier ist wie in 1 Kor 9,1 das ὁρᾶν ausschließlich christologisch-soteriologisch zu bestimmen. Damit bestätigt sich die Exegese von Gal 1,12ff und Phil 3,4bff, wonach die Berufung und Beauftragung des Apostels christologisch-soteriologisch auszulegen sind, nicht aber die gesetzeskritische Haltung der späteren Briefe in dieses Geschehen eingetragen werden darf. Es ist nicht zu

---

[10] Vgl. *J. Gnilka*, Phil, 194.

[11] *G. Strecker*, Befreiung und Rechtfertigung, 237; vgl. ferner *H. Räisänen*, Paul's Call Experience, 72f; *S. Schulz*, Ethik, 298.

[12] Vgl. *H. Conzelmann*, 1 Kor, 187.

[13] Vgl. dazu bes. *P. v. d. Osten-Sacken*, Die Apologie des paulinischen Apostolats in 1 Kor 15,1–11.

[14] *J. Weiß*, 1 Kor, 232, vermutet, die Gegner hätten das paulinische Apostolat mit dem Argument bestritten, er habe den irdischen Jesus nicht gekannt.

bestreiten, daß die so interpretierte Berufung und Beauftragung des Paulus Auswirkungen auf sein Gesetzesverständnis haben mußte, wohl aber ist es sehr unwahrscheinlich, daß diesem sachlichen Zusammenhang ein unmittelbar zeitlicher entsprach. Als Paulus bei Damaskus Jesus als den Gottessohn erkannte, bedeutete das wohl Kollision mit dem Gesetz, nicht aber Antinomismus und schon gar nicht ein neues durchreflektiertes Gesetzesverständnis.[15]

Hat nicht aber Paulus Teile der christlichen Gemeinde wegen ihrer gesetzeskritischen Haltung verfolgt? Begegnete ihm nicht das Evangelium in jener gesetzeskritischen Ausprägung, wie sie für den Stephanuskreis vermutet wird, so daß Damaskus doch als Ursprung der gesetzeskritischen Theologie des Apostels gelten muß? Antwort auf diese Einwände kann nur Apg 6,8–15 geben,[16] wo über das Auftreten des Stephanus berichtet wird. Nach Apg 6,1–6[17] und der zusammenfassenden Notiz V. 7[18] tritt in V. 8 ziemlich unvermittelt der Charismatiker Stephanus auf. Lukas stellt ihn innerhalb des Zusammenhanges als ein Glied der ‚Hellenisten' vor, wobei zu beachten ist, daß dies nirgendwo ausdrücklich

---

[15] Zu Recht betont *H. Räisänen,* Paul's Call Experience, 66, zur Entstehung des paulinischen Gesetzesverständnisses: „He (sc. Paul, U.S.) could not have started preaching to Gentiles without having reflekted on the problem. But this does not mean that he could not have started such work before reaching what came to be his final view." *U. Luck,* Bekehrung des Paulus, 203ff, versucht demgegenüber mit Hilfe des Evangeliumsbegriffes Damaskus im Sinn der späteren Rechtfertigungslehre des Gal und Röm zu interpretieren. Danach ist im Evangeliumsbegriff schon immer die „Offenbarung der Gerechtigkeit Gottes und die Überwindung des Gesetzes" (aaO., 204) präsent. Gegen diese Auffassung spricht, daß weder in den vorpaulinischen Traditionen (1 Thess 1,9f; 1 Kor 15,3ff; Röm 1,3b–4a) noch in 1 Thess, 1/2 Kor der Evangeliumsbegriff antinomistisch akzentuiert ist. Erst in Röm 1,16f tritt deutlich zutage, was Luck generell für den paulinischen Evangeliumsbegriff behauptet!

[16] Eine ausgewogene Darstellung der neueren Diskussion über die ‚Hellenisten' und Stephanus bietet *A. Weiser,* Zur Gesetzes- und Tempelkritik der ‚Hellenisten', 146ff.

[17] Zu den Aporien dieses Abschnittes vgl. nur *E. Haenchen,* Apg, 258ff.

[18] Zu beachten ist die völlig unbestimmte Umschreibung dieser Gruppe mit τίνες (einige)! Lk kann sie nicht näher beschreiben, da er nichts von ihr weiß. Die Namen der Synagogenmitglieder könnten Lk vorgelegen haben. Auch die Begriffe Ἑλληνισταί (Hellenisten) und Ἑβραῖοι (Hebräer) in V. 1, μαθηταί = ‚Jünger' (VV. 1.2.7) γογγυσμός (Murren), παραθεωρεῖν (vernachlässigen) und καθημερινός = ‚täglich' (V. 1) könnte Lk in der Tradition vorgefunden haben. Freilich ist all dies kein Beleg für eine in Kap. 6 beginnende ‚antiochenische Quelle'.

gesagt wird.[19] Gegen Stephanus treten hellenistische Juden auf, die ihm jedoch nicht zu widerstehen vermögen, was Erfüllung der Verheißung Lk 21,15 ist.[20] Nun werden Männer angestiftet, die Stephanus verleumden. Dabei ist zweierlei beachtenswert: 1. Nicht die Disputanten selbst verleumden Stephanus, sondern Männer, die Stephanus gar nicht gehört haben. 2. Die Vorwürfe werden ausdrücklich als Verleumdung bezeichnet, sie werden also von Lukas als unwahr angesehen.[21] In V. 13f treten wiederum falsche Zeugen auf, was eindeutig auf lukanische Redaktion zurückgeht. Es sind jene falschen Zeugen, die Lukas beim Prozeß Jesu unerwähnt ließ (vgl. Mk 14,55–60 mit Lk 22,66–67). Auch das angebliche Jesuswort über die Tempelzerstörung ist von Lukas ganz bewußt an diese Stelle gesetzt worden, da es hier – als falsches Zeugenwort, abgerückt von Jesus – keiner umständlichen Interpretation mehr bedarf (vgl. Mk 14,58; Mt 26,61; Joh 2,19).[22] Der Vorwurf des Verstoßes gegen mosaische Überlieferung geht auf Texte wie Mk 2,23ff; 3,2f; 7,14; 10,5f zurück. Von hier aus ist die Aussage V. 13b, Stephanus habe gegen den Tempel und das Gesetz geredet, die falschen Zeugen (noch nicht einmal Stephanus!) in den Mund gelegte Zusammenfassung von V. 14 (vgl. auch Apg 7,48–50). V. 15 blickt auf die folgende Rede und verweist zugleich auf den Visionsbericht in 7,55f, wobei Parallelen zur lukanischen Darstellung der Verklärung Jesu vorliegen (vgl. Apg 6,15/Lk 9,29; Apg 7,55f/Lk 9,32). Zusammenfassend läßt sich sagen, daß Lukas in Apg 6,8–15 ganz bewußt Material aus dem Prozeß Jesu verarbeitet hat, um den Prozeß des ersten Märtyrers in diesem Licht darzustellen.[23] Noch ein weiteres lukanisches Interesse läßt sich nachweisen: „Nach Lukas vertritt Stephanus bereits die gleiche Grundposition wie später Paulus (vgl. 6,13f und 7,48 mit 21,21.28; 7,58 mit 9,29).“[24] Insbesondere die auf Redaktion weisenden

---

[19] Vgl. *E. Haenchen,* Apg, 263.

[20] Vgl. aaO., 263.

[21] Nichts spricht für die Vermutung von *M. Hengel,* Zwischen Jesus und Paulus, 187, V. 11 stamme aus der Quelle.

[22] Vgl. *E. Haenchen,* Apg, 266f.

[23] Vgl. dazu die Auflistung der Parallelen bei *G. Schneider,* Apg, 433 A 6.

[24] *A. Weiser,* Apg I, 173; vgl. auch *K. Löning,* Stephanuskreis, 86, der zur Parallelisierung Stephanus – Paulus zu Recht bemerkt: „Dieser lukanischen Paulus-Konzeption dient die indirekte Kennzeichnung des Stephanus durch die Zusammenfassung der ‚Anklage‘ der Gegner in zwei Punkten: Tempel- und Gesetzeskritik. Auf diese Weise entsteht der Eindruck, die von Stephanus repräsentierten ‚Hellenisten‘ bildeten die Brücke von der Urgemeinde zu Paulus, was sich als typischer Lukanismus erweist.“ Unscharf *G. Lüdemann,* Das frühe Christentum, 85–91, der den redaktionellen Charakter von Apg 6,8–15 unterschätzt und die lukanische Parallelisierung Stephanus – Paulus außer acht läßt.

starken Übereinstimmungen zwischen Apg 6,13 und Apg 21,28[25] lassen den Schluß zu, daß Apg 6,13 die lukanische Sicht des Geschehens, nicht aber eine alte, historisch zuverlässige Tradition wiedergibt. Offenbar will Lukas mit der Parallelisierung von Stephanus und Paulus eine heilsgeschichtliche Kontinuität innerhalb der urchristlichen Theologie- und Missionsgeschichte betonen. Der durchgängig redaktionelle Charakter[26] von Apg 6,8–15 und die inhaltlichen Ungereimtheiten des Textes erlauben es nicht, ihn als historisch zuverlässigen Beleg über die Theologie des Stephanus oder der ‚Hellenisten' auszuwerten.

Eine gesetzeskritische Haltung läßt sich für Stephanus und die ‚Hellenisten' nicht wirklich nachweisen, so daß die Behauptung sehr unwahrscheinlich ist, sie seien wegen dieser Haltung aus Jerusalem vertrieben worden und Paulus habe von ihnen sein gesetzeskritisches Evangelium empfangen.[27] Anzunehmen ist vielmehr, daß das exklusiv christologische Bekenntnis der frühen Gemeinde in Verbindung mit einer sich entwik-

---

[25] Vgl. *H. Räisänen*, The ‚Hellenists', 262, der auch auf die Parallelität zwischen Apg 6,13 und 21,28 hinweist:

ὁ ἄνθρωπος οὗτος	οὗτός ἐστιν ὁ ἄνθρωπος
οὐ παύεται λαλῶν ῥήματα	
κατὰ τοῦ τόπου τοῦ ἁγίου	ὁ κατὰ τοῦ λαοῦ καὶ τοῦ νόμου
καὶ τοῦ νόμου	καὶ τοῦ τόπου τούτου ... διδάσκων .... καὶ κεκοίνωκεν τὸν ἅγιον τόπον τοῦτον
Dieser Mensch	Dieser ist der Mensch
hört nicht auf, Worte zu reden	
gegen diesen heiligen Ort	der gegen das Volk und
und das Gesetz	das Gesetz und gegen diesen Ort ... Lehren vorträgt ... und entweiht diesen heiligen Ort

[26] Vgl. *A. Weiser*, Apg, 171; *K. Löning*, Stephanuskreis, 86.

[27] *Chr. Dietzfelbinger* begründet seine Damaskusinterpretation als Ursprung der gesamten paulinischen Theologie vor allem mit der Verfolgertätigkeit Pauli, der nach seiner Meinung eine Gemeinde verfolgte, die wie Stephanus eine tempel- und gesetzeskritische Haltung einnahm (vgl. *ders.*, Berufung des Paulus, 16ff.29). Das neue Urteil des Apostels über die Tora liegt dann natürlich sachlich und zeitlich in Damaskus begründet. Zu kritisieren an Dietzfelbingers Argumentation ist vor allem die unkritische Übernahme der lukanischen Stephanusdarstellung, denn er wertet Apg 6,8–15 als historisch zuverlässigen Bericht (vgl. aaO., 19); vgl. ferner die Kritik an Dietzfelbinger bei *H. Räisänen*, Paul's Call Experience, 87ff.

kelnden organisatorischen Selbständigkeit und Missionspraxis zu der Verfolgung (auch durch Paulus) geführt hat.[28]
Nach dem Selbstzeugnis des Apostels offenbarte ihm Gott bei Damaskus seinen Sohn. Mit dieser Erkenntnis muß sich der Exeget begnügen, denn der Textbefund läßt keine weitergehenden Schlüsse zu.[29] Deshalb sind alle Versuche methodisch nicht haltbar, die andere Paulustexte (z.B. Gal 3,13; Röm 10,4) mit Damaskus in Verbindung bringen.[30] Wenn der Inhalt des Damaskusgeschehens Christophanie und Sendung war, dann kann dies nicht einfach mit der Rechtfertigungslehre des Jahrzehnte später geschriebenen Gal bzw. Röm oder der gesamten paulinischen Theologie gleichgesetzt werden. Unbestritten mußte Damaskus Folgen für das paulinische Gesetzesverständnis und das paulinische Denken insgesamt haben. Jedoch ist jede Rekonstruktion dieser Auswirkungen über die Eigenaussagen des Apostels hinaus verfehlt, die zudem ein späteres Stadium paulinischer Theologie repräsentieren und in ihrer gänzlich situationsgebundenen Argumentation nicht einfach punktuell auf das Damaskuserlebnis zurückverlegt werden können. Schließlich ist es aufschlußreich, daß Paulus nur dort auf Damaskus rekurriert, wo sein Apostolat bestritten wird. Entfaltet er hingegen seine Theologie positiv, so beruft er sich nicht auf Damaskus!

---

[28] Vgl. *G. Strecker,* Befreiung und Rechtfertigung, 234. Gegen *G. Klein,* Art. Gesetz, 62, der den redaktionellen Charakter von Apg 6,8–15 außer acht läßt und behauptet, allein die grundsätzliche Aufhebung des Gesetzes durch die Hellenisten könne die geschilderten Vorgänge erklären. Abgewogen demgegenüber *K. Löning,* Stephanuskreis, 86f, der weder Apg 6,8–15 noch die folgende Stephanusrede für gesetzeskritisch hält und vermutet: „Vorlukanischer Kern der Anklage gegen Stephanus ist der Streit um den Tempel als Ort der Gegenwart Gottes und eschatologischer Sühne“ (aaO., 86).

[29] Vgl. *W. G. Kümmel,* Römer 7, 159, der zu Damaskus feststellt: „Jesus ist der Messias, das ist der Inhalt des Erlebnisses“, und vor jeder weitergehenden Interpretation warnt: „Alle psychologisierenden Hypothesen und alle Behauptungen, die über das aus den Quellen zu Erhebende hinausgehen, führen nur an den Tatsachen vorbei und vergessen die Ehrfurcht vor der geschichtlichen Wirklichkeit“ (aaO., 160). Zutreffend auch *A. Schweitzer,* Mystik, 36: „Von der geistigen Tragweite des Damaskuserlebnisses, wie Paulus selber sie erfaßte, wissen wir ja noch viel weniger als von seiner Lehre.“

[30] Gegen *Chr. Dietzfelbinger,* Berufung des Paulus, 37f.116ff.

3.2. *Die (relative) Chronologie der paulinischen Briefe*

Die Reihenfolge der Paulusbriefe ist für unsere Thematik von großer Bedeutung, denn die hier getroffenen Entscheidungen wirken sich unmittelbar auf die Beurteilung der Frage nach Wandlungen im paulinischen Denken aus. Methodisch kommt bei der Erhebung der (relativen) Chronologie der Paulusbriefe den in den Briefen enthaltenen Angaben Priorität zu. Die verwertbaren chronologischen Aussagen der Apg werden dann herangezogen, wenn sie sich mit den Briefangaben zwanglos kombinieren lassen. Als besonders wichtige Daten haben die Kollektennotizen in den Briefen zu gelten (1 Kor 16,1–4; 2 Kor 8; 9; Röm 15,25–27), denn sie sind über die ebenfalls sehr wichtigen inhaltlichen Einschätzungen der paulinischen Theologie hinaus ein „äußerer" Fixpunkt und geben relativ sichere Anhaltspunkte für die Reihenfolge der paulinischen Briefe. Das Fehlen von Kollektennotizen im 1 Thess und Phil legt den durch andere Indizien zu erhärtenden Schluß nahe, daß diese Briefe vor bzw. nach der praktischen Durchführung der Kollektenaktion geschrieben wurden.

3.2.1. 1. Thessalonicherbrief (1 Thess)

Über den 1 Thess als ältesten Paulusbrief besteht ein breiter Forschungskonsens.[31] Geschrieben wurde er wahrscheinlich in Korinth,[32] denn die im Brief vorausgesetzte Situation, daß Timotheus aus Thessalonich zurückgekehrt ist (vgl. 1 Thess 3,6) und Paulus sich in Begleitung von Silvanus und Timotheus befindet (vgl. 1 Thess 1,1), läßt sich mit der Angabe in Apg 18,5 vereinbaren, Paulus sei in Korinth mit seinen beiden aus Mazedonien zurückgekehrten Mitarbeitern zusammengetroffen. Als Abfassungszeit werden zumeist die Jahre 50/51 angenommen,[33] was in der Regel auf einer Kombination der Erwähnung des Statthalters Gallio in

[31] Vgl. *K. H. Schelkle,* Paulus, 76ff; *T. Holtz,* Der erste Brief an die Thessalonicher, 19ff (dort auch die Besprechung neuerer Thesen).

[32] So *E. v. Dobschütz,* Die Thessalonicher-Briefe, 17; *M. Dibelius,* An die Thessalonicher, 33; *A. Oepke,* Der Brief an die Thessalonicher, 157; *W. G. Kümmel,* Einleitung, 221ff; *Ph. Vielhauer,* Urchristliche Literatur, 87. Neuerdings vermutet *N. Hyldahl,* Chronologie, 107–111, beide (!) Thessalonicherbriefe seien von Paulus in Ephesus geschrieben worden. Eine überzeugende Begründung für diese These wird freilich nicht gegeben.

[33] Vgl. *W. G. Kümmel,* Einleitung, 221; *Ph. Vielhauer,* Urchristliche Literatur, 89; *W. Marxsen,* Einleitung, 48.

Apg 18,12 und der Notiz über das durch das Judenedikt des Klaudius aus Rom vertriebene Ehepaar Priszilla und Aquila in Apg 18,2 beruht. Die Fragmente der Gallio-Inschrift[34] ermöglichen eine relativ genaue Datierung der Amtszeit des Lucius Gallio als Prokonsul von Achaia vom Frühsommer 51 bis zum Frühsommer 52.[35] Die von Sueton überlieferte Notiz, Klaudius habe Juden aus Rom vertrieben, ‚weil sie von Chrestus aufgehetzt, fortwährend Unruhe stifteten'[36], wird von dem später christlichen Geschichtsschreiber Orosius (um 400) auf das 9. Regierungsjahr des Klaudius (= 49 n. Chr.) datiert.[37] Da Priszilla und Aquila nicht lange (προσφάτως) vor Paulus nach Korinth kamen, ist seine Ankunft in Korinth im Jahr 50 sehr wahrscheinlich. Kombiniert man die Angabe von Apg 18,11, Paulus sei 1½ Jahre in Korinth geblieben, mit der Annahme, die Juden hätten Paulus bald nach Amtsantritt des neuen Prokonsuls verklagt, dann ergibt sich für die Gallio-Szene eine Datierung auf den Sommer 51.[38]

Eine Frühdatierung des 1 Thess in das Jahr 41 vertritt G. Lüdemann. Er sieht in Apg 18,1–17 Traditionen verarbeitet, denen zwei Besuche Pauli in Korinth zugrundeliegen sollen. Entscheidendes sachliches Argument ist neben der Abgrenzbarkeit der Abschnitte die Beobachtung, daß in V. 8 der Synagogenvorsteher Krispus, in V. 17 aber Sosthenes heißt.[39] Lüdemann kombiniert die These zweier Korinthaufenthalte Pauli mit einer Datierung des Klaudius-Ediktes in das Jahr 41.[40] Die Jahresangabe des Orosius lehnt er mit dem Hinweis auf den sekundären Charakter dessen Geschichtswerkes ab und postuliert eine Sueton und Dio Cassius gemeinsame Vorlage,[41] die für das Jahr 41 von der Ausweisung der Juden durch Klaudius berichtet, die unmittelbar an Unruhen um Chrestus in einer Synagoge beteiligt waren. Apg 18,1–8 würde sich dann auf den ersten Aufenthalt Pauli in Korinth im Rahmen einer frühen Mission in Griechenland im Jahr 41 beziehen. Apg 18,12–17 hingegen auf den dritten Besuch Pauli in Korinth im Jahr 51. Voraussetzung der Argumentation Lüdemanns ist die aus

[34] Der von A. Plessart neubearbeitete und von J. H. Oliver verbesserte griechische Text der Gallio-Inschrift ist mit einer deutschen Übersetzung leicht zugänglich bei *H. M. Schenke – K. M. Fischer,* Einleitung I, 50–51. Grundlegend zur Gallio-Inschrift ist nach wie vor *A. Deissmann,* Paulus, 203ff.

[35] Vgl. dazu aaO., 203–205.

[36] *Sueton,* Caes V 25,4: Iudaeos impulsore Chresto assidue tumultuantis Roma expulit.

[37] *Orosius,* Historia adversum paganos VIII 6,15.

[38] Vgl. *Ph. Vielhauer,* Urchristliche Literatur, 73.

[39] Vgl. *G. Lüdemann,* Paulus I, 176ff.

[40] Vgl. aaO., 183ff.

[41] Vgl. aaO., 188.

einer Analyse von Gal 1,6 – 2,14 und Phil 4,15f gewonnene These einer unabhängigen Mission Pauli auch in Mazedonien vor dem Apostelkonvent.[42]

Lehnt man diese umstrittene Frühdatierung ab,[43] so bleiben auch nach der herkömmlichen Chronologie ca. vier Jahre Abstand bis zum nächsten Brief (1 Kor). Zudem ist eine große Zeitspanne nicht a priori Voraussetzung für Wandlungen, denn sie können durch eine neue Situation auch innerhalb kurzer Zeit hervorgerufen werden. Darüber hinaus hat auch hier der methodische Grundsatz zu gelten, daß nicht allgemeine Erfahrungswerte, sondern allein der Textbefund entscheiden kann.

3.2.2. 1. Korintherbrief (1 Kor)

Der 1 Kor ist in Ephesus geschrieben worden (vgl. 16,8), vermutlich um Ostern herum (vgl. 5,7f).[44] Berücksichtigt man die Reisepläne des Apostels (vgl. 16,5–8), so ist das letzte Jahr seines Aufenthaltes als Abfassungsjahr sehr wahrscheinlich,[45] wenn auch das vorletzte Jahr nicht auszuschließen ist.[46] Die Sammlung für die Heiligen in Jerusalem wurde in Korinth schon angeordnet, was aus der Anfrage (περὶ δέ) bezüglich des ‚Wie' der Kollekte in 16,1 hervorgeht.[47] Unklar ist, ob diese Anordnung durch einen Brief (5,9?) oder einen Boten (Stephanas, 16,5?) erfolgte. Timotheus befindet sich schon auf dem Weg nach Korinth (4,17), wird aber erst nach Ankunft des Briefes dort erwartet. Als Abfassungszeit des 1 Kor kommt das Frühjahr 54 oder 55 in Betracht. Die Annahme einer zeitlichen Priorität des 1 Kor gegenüber dem Gal hat U. Borse erhärtet.[48]

---

[42] Vgl. aaO., 58ff.

[43] Sehr gewichtige Argumente gegen Lüdemann bieten *A. Lindemann,* Rez. G. Lüdemann, Paulus I; *R. Jewett,* Paulus-Chronologie, 134–139; *P. Lampe,* Die stadtrömischen Christen, 7f. Lampe weist mit Recht darauf hin, daß in DioCass LX 6,6 nicht die Korrektur einer Quelle vorliegt, sondern sich dieser Text in seiner Angabe „und er (sc. Claudius) vertrieb nicht" auf LVII 18,5 zurückbezieht, wo von der Vertreibung der meisten Juden aus Rom durch Tiberius berichtet wird. Schließlich bleibt m.E. unerklärlich, warum Paulus die von Lüdemann postulierte frühe Griechenlandmission in Gal 1 nicht erwähnt, denn dadurch hätte er seine Unabhängigkeit von Jerusalem nachdrücklich herausstellen können.

[44] Vgl. *U. Borse,* Standort, 5ff; *W. G. Kümmel,* Einleitung, 241ff.

[45] So *U. Borse,* Standort, 6.

[46] Vgl. *H. Conzelmann,* 1 Kor, 366f.

[47] Vgl. *G. Lüdemann,* Paulus I, 110f.

[48] Vgl. *U. Borse,* Standort, 58–70.

In seiner Untersuchung der spezifischen Übereinstimmungen zwischen dem 1 Kor und dem Gal kommt er zu dem Ergebnis, „daß die Reihenfolge 1 Kor – Gal als gesichert gelten darf“[49]. Borses zahlreiche Einzelargumente sind durch zwei generelle Beobachtungen zu ergänzen: 1. Die spezifisch paulinische Rechtfertigungslehre des Gal und Röm und das dabei konstitutive Verständnis von δικαιοσύνη (Gerechtigkeit) finden sich in den Korintherbriefen nicht. 2. Die Korintherbriefe zeigen im Gegensatz zum Gal kein wirklich reflektiertes Gesetzesverständnis. Beides spricht für eine Abfassung der Korintherbriefe vor dem Gal.[50]
Die literarische Integrität des 1 Kor ist oft bezweifelt worden, und es wurden immer wieder Teilungshypothesen aufgestellt.[51] Überzeugend sind sie nicht, denn es ist gerade die Besonderheit des 1 Kor, daß er keinen geschlossenen Gedankengang erkennen läßt, sondern Paulus hier auf der Basis früherer Korrespondenz mit der Gemeinde (5,9; 7,1) und erhaltener Nachrichten (1,11; 4,17ff; 5,1; 6,1; 15,12) in stichwortartiger Anreihung (7,1; 8,1; 12,1; 15,1; 16,1.12) Probleme in der Gemeinde und seines Verhältnisses zur Gemeinde behandelt.

3.2.3. 2. Korintherbrief (2 Kor)

Weitaus schwieriger ist die Frage nach der Einheitlichkeit und den Abfassungsverhältnissen des 2 Kor zu beantworten. Folgende Beobachtungen machen die Einheitlichkeit dieses Briefes nach Meinung vieler Exegeten unwahrscheinlich: 1. Der Bruch in Argumentation und Stimmung zwischen den Kapiteln 1–9 und 10–13 ist so eklatant, daß in beiden Fällen eine unterschiedliche Stellung des Paulus zur Gemeinde angenommen werden muß. Dies führt meistens zu der Folgerung, Kap. 10–13 seien als

---

[49] AaO., 70.

[50] Vgl. dazu *J. B. Lightfoot,* Gal, 50; *U. Wilckens,* Röm I, 47f, die gleichermaßen das Fehlen der Rechtfertigungslehre des Galaterbriefes in den Korintherbriefen als sicheres Indiz für eine Datierung des Gal unmittelbar vor dem Röm und nach den Korintherbriefen werten.

[51] Zur Diskussion über Teilungshypothesen vgl. *W. Schenk,* Der 1. Korintherbrief als Briefsammlung; *W. Schmithals,* Die Korintherbriefe als Briefsammlung; *H.M. Schenke–K.M. Fischer,* Einleitung I, 92ff. All diese Hypothesen sind Variationen der grundlegenden Analysen von J. Weiß in seinem Kommentar zum 1 Kor, und für alle Hypothesen gilt die Kritik *W.G. Kümmels,* Einleitung, 238ff. Für die Einheitlichkeit des 1 Kor plädiert zuletzt mit guten Gründen *H. Merklein,* Die Einheitlichkeit des ersten Korintherbriefes, 345ff.

selbständiges Brieffragment anzusehen. 2. In 2,13 wird die Besprechung eines Zwischenfalles in Korinth offensichtlich durch eine von 2,14 – 7,4 reichende Apologie des paulinischen Apostolats unterbrochen, was insbesondere durch den glatten Anschluß von 7,5 an 2,13 deutlich wird. 3. Zudem scheinen die beiden Kollektenmahnungen Kap. 8 und 9 nicht ursprünglich zusammenzugehören. Bezweifelt man dann mit zahlreichen Exegeten[52] die paulinische Herkunft von 6,14 – 7,1, ergibt sich die Aufgabe, aus den Bestandteilen 1,1 – 2,13; 2,14 – 6,13; 7,2–4; 7,5–16; 8; 9 und 10 – 13 Briefe bzw. Brieffragmente zu konstruieren.[53]
Für die Einheitlichkeit des 2 Kor plädieren vor allem W. G. Kümmel und U. Borse. Nach Kümmel diktierte Paulus den Brief mit Unterbrechungen, woraus sich die zugegebenen Ungereimtheiten erklären, eben weil sie unter dieser Voraussetzung von vornherein einzukalkulieren sind.[54] Auch Borse geht von der Voraussetzung aus, daß die starke Zäsur nach Kap. 9 die Annahme einer Unterbrechung des Diktates nahelegt. Die Kap. 10 – 13 sind nun aber nicht einem ‚Tränenbrief' oder ‚Zwischenbrief' zuzuordnen, sondern nach einer längeren Zeit unter der Voraussetzung einer neuen Situation an die Kap. 1 – 9 angehängt worden, die Paulus aus nicht mehr feststellbaren Gründen noch nicht abgesandt hatte. Der ursprüngliche Schluß von 2 Kor 1 – 9 ging durch die nachträgliche Anhängung der Kap. 10 – 13 verloren.[55] Borses Argumentation beruht auf zwei Pfeilern: 1. Zur Rekonstruktion der geschichtlichen Vorgänge werden vor allem die Nachrichten über Titus und seine Begleiter ausgewertet. 2. Die besondere Nähe von 2 Kor 10 – 13 zum Gal wird bei der Datierung sehr stark berücksichtigt.
Ad 1: Paulus schrieb nach Borse die Kap. 1 – 9 (= 2 Kor A) unter dem Eindruck einer erst kürzlich stattgefundenen Begegnung mit seinem Mitarbeiter Titus (7,6f; 2,13), der ihm erfreuliche Dinge über die Situation in Korinth berichtete (2,9f; 7,9–11.13–16). Aber auch die Spannungen zwischen Gemeinde und Apostel bleiben nicht unerwähnt, so das Ausbleiben des Paulus (1,15 – 2,3) und die Reaktionen auf den vorangegangenen ‚Tränenbrief' (1,13f; 2,3–9; 7,8–12).[56] Paulus diktierte nun 2 Kor A erst *nach* dem Aufbruch des Titus und seiner Begleiter nach Korinth (8,17f.22; 9,3.5) mit der Absicht, ihn seinen vorausgereisten

[52] Vgl. dazu *V. P. Furnish,* 2 Kor, 371–383.
[53] Vgl. die Forschungsübersicht bei *V. P. Furnish,* aaO., 30ff.
[54] Vgl. *W. G. Kümmel,* Einleitung, 254f.
[55] Vgl. *U. Borse,* Standort, 6ff.114ff; *ders.,* Gal, 14ff.
[56] Vgl. *U. Borse,* Standort, 114.

Mitarbeitern so schnell wie möglich nachzusenden. Dies ist nun nach Borse nicht erfolgt – wofür er keinen Grund angeben kann[57] – und Paulus hatte 2 Kor A noch in den Händen, als er durch die Rückkehr der Titusgruppe neue Nachrichten aus Korinth erhielt.[58] Diese neuen Informationen veranlaßten Paulus zur Abfassung der Kap. 10 – 13 (= 2 Kor B). Als Beleg der neuen Anwesenheit der Titusgruppe bei Paulus wertet Borse 2 Kor 12,17f, ein Text, der in der Tat auf den in 8,16ff; 9,3.5 angekündigten Besuch zurückblickt.[59] Wiederum durch Titus sendet Paulus nun den uns überlieferten 2 Kor (1 – 9 und 10 – 13) nach Korinth. 2 Kor A wurde nach Meinung Borses trotz der neuen Situation nach Korinth gesandt, weil seine objektiven (Verzögerung des beabsichtigten Besuches, der Tränenbrief, die Spendenaktion) wie subjektiven Voraussetzungen (die scharfe Kritik in 10 – 13 bedeutet nicht einfach das Ende des guten Verhältnisses zur Gemeinde) durch die neue Situation nicht kurzerhand zunichte gemacht wurden.[60]
Ad 2: Eine auffallend große Zahl von Übereinstimmungen stellte Borse zwischen 2 Kor 10 – 13 und dem Gal fest.[61] Dies ist seiner Meinung nach nur unter der Annahme einer fast gleichzeitigen Abfassung beider Schreiben zu erklären. Dabei ist nach Borse der Gal kurz vor 2 Kor 10 – 13 geschrieben worden, was sich für ihn aus einer Analyse von Tonfall, Inhalt und Vokabular beider Schreiben ergibt.[62] Vorausgesetzt wird bei all dem, daß Paulus ungefähr zur gleichen Zeit in Mazedonien Nachrichten von Boten aus Galatien und Neuigkeiten aus Korinth durch die Titusgruppe erhielt, so daß seine Erregung über die Zustände in Galatien mit in 2 Kor 10 – 13 eingeflossen ist.[63] So ergibt sich für den 2 Kor eine Abfassung in Mazedonien (9,3f), kurz vor der Abreise nach Korinth. 2 Kor 10 – 13 und der Gal sind dabei einige Wochen nach 2 Kor 1 – 9 abgefaßt worden, der Gal wiederum unmittelbar vor 2 Kor 10 – 13.[64]
Borses Thesen über die Abfassung und Einheitlichkeit des 2 Kor sind akzeptabel, weil sie sich neben inhaltlichen Erwägungen vor allem auf die Erwähnung des Titus und seiner Begleiter stützen, worin in der Tat der

---

[57] Vgl. aaO., 115.
[58] Vgl. aaO., 117f.
[59] Diese Beobachtung spricht entscheidend gegen eine Zuordnung der Kap. 10 – 13 zu einem ‚Zwischenbrief' oder ‚Tränenbrief'!
[60] Vgl. *U. Borse,* Standort, 118f.
[61] Vgl. aaO., 84–106; *ders.,* Gal, 14f.
[62] Vgl. *U. Borse,* Standort, 110–113.
[63] Vgl. aaO., 116f.
[64] Vgl. aaO., 120.

sicherste Anhalt zur Rekonstruktion der geschichtlichen Abläufe zu sehen ist. Natürlich kommt auch Borse nicht ohne Hypothesen und Vermutungen aus, was aber angesichts des Gegenstandes nur natürlich ist. Seine Erklärung hat jedoch den großen Vorteil, ohne die Postulierung von Briefen bzw. Brieffragmenten mit nicht erkennbarem Anfang und ungewissem Ende auszukommen.[65] Problematisch erscheint hingegen die Ansetzung des Gal kurz vor 2 Kor 10–13 (vgl. den folgenden Abschnitt).

3.2.4. Galaterbrief (Gal)

Die literarische Integrität des Gal ist unbestritten.[66] Für die Bestimmung der Abfassung dieses Briefes ergeben sich zwei ernstzunehmende Möglichkeiten: 1. Der Gal ist während des paulinischen Aufenthaltes in Ephesus abgefaßt worden, vor (oder nach) dem ebenfalls in Ephesus

[65] Vgl. *K. Aland,* Entstehung, 348ff, der aus der Sicht der ntl. Textgeschichte überzeugende Argumente gegen die nach wie vor beliebten Teilungshypothesen geltend macht: 1. Das Corpus Paulinum bietet in den vorliegenden Handschriften den gleichen Text (mit erklärbaren Differenzen), was darauf schließen läßt, daß auch die Briefe der am Anfang stehenden Einzelsammlungen in ihrer jetzigen Gestalt überliefert wurden. 2. Die vorausgesetzte Arbeitsweise der vermuteten Redaktoren ist historisch sehr unwahrscheinlich, denn sie hätten zuerst auf die Brieffragmente (Briefe kann man die rekonstruierten Einheiten nicht nennen) warten müssen, um dann kunstvoll neue Briefeinheiten herzustellen, die an andere Gemeinden gesandt wurden. Daß dies historisch unwahrscheinlich ist, beweist der Galaterbrief, der nur erhalten blieb, weil er von der galatischen Gemeinde alsbald weitergegeben wurde. Zwar sind Teilungshypothesen zu den paulinischen Briefen grundsätzlich möglich, sie müssen aber an methodische Grundsätze gebunden sein: 1. Teilungshypothesen sind erst dann gerechtfertigt, wenn der Jetzttext eines Briefes nicht als sinnvolle Einheit verstanden werden kann. Nicht die Möglichkeit, sondern die unbedingte Notwendigkeit von Teilungshypothesen muß als methodisches Prinzip gelten. 2. Bei einem Autor wie Paulus kann man nicht nach neuzeitlichen Vorstellungen eine sterile Stimmigkeit verlangen, was angesichts seiner Persönlichkeit und der historischen Situation ungeschichtlich wäre. 3. Das Prinzip der Textkohärenz ist auf die verschiedenen Dimensionen des Textes anzuwenden, bevor literarkritische Entscheidungen gefällt werden. 4. Die Arbeitsweise eines vermuteten Briefredaktors muß historisch und theologisch plausibel gemacht werden. Dabei gilt es aufzuzeigen, warum dem unbekannten Redaktor zugemutet werden kann, was für Paulus nicht denkbar sein soll. Vgl. zu den methodischen Problemen der Teilungshypothesen auch *H. Merklein,* Einheitlichkeit, 348–351.

[66] Vgl. *W. G. Kümmel,* Einleitung, 266.

geschriebenen 1 Kor.[67] 2. Paulus schrieb den Gal während seiner Reise durch Mazedonien (vgl. Apg 20,2), er ist dann zumindest nach dem 1 Kor abgefaßt worden und steht in unmittelbarer Nähe zum wahrscheinlich in Korinth geschriebenen Röm.[68] Kriterien zur Bestimmung der Abfassung können nur die auffallende Nähe zum Röm und die Erwähnung der Kollektenaktion in Gal 2,10 und 1 Kor 16,1 sein.
Enge Berührungen zwischen Gal und Röm zeigen sich zunächst im Aufbau:[69]

Gal 1,15–16	–	Röm 1,1–5	Aussonderung zum Heidenapostel
Gal 2,15–21	–	Röm 3,19–28	Gerechtigkeit aus Glauben
Gal 3,6–25.29	–	Röm 4,1–25	Abraham
Gal 3,26–28	–	Röm 6,3–5	Taufe
Gal 4,1–7	–	Röm 7,1 – 8,16	Knechtschaft und Freiheit
Gal 4,21–31	–	Röm 9,6–13	Gesetz und Verheißung
Gal 5,13–15	–	Röm 13,8–10	Freiheit der Liebe
Gal 5,16–26	–	Röm 8,12ff	Leben im Geist

Deutlich ist zu erkennen, daß die Gedankenführung des Röm im Gal vorgebildet ist. Die situationsbedingte Polemik des Gal wird im Röm in grundsätzliche Fragestellungen übergeleitet, die Argumentation ist überlegter, die Beweisführung stringenter. Aber auch neue, Paulus bedrängende Fragen werden aufgenommen, wie Röm 1,18 – 3,18 und Röm 9 – 11 zeigen. Für ein enges Verhältnis Gal – Röm spricht nun aber vor allem die Rechtfertigungslehre in beiden Briefen. Nur hier findet sich die Alternative ‚Aus Glauben, nicht aus Werken des Gesetzes', und nur hier liegt ein wirklich reflektiertes Gesetzesverständnis vor. Daß es dabei noch zu zeigende charakteristische Unterschiede gibt, spricht nicht gegen die These. Die Unterschiede ergeben sich vielmehr aus der Situationsgebundenheit des Gal, die sich gerade in der Weiterentwicklung einzelner Gedanken im Röm zeigt. Nach 1 Kor 16,1 ordnete Paulus auch in Galatien eine Sammlung für die Heiligen in Jerusalem an, wahrscheinlich nicht allzu lange vor der Abfassung des 1 Kor, wobei unklar bleibt, ob es durch einen Brief, durch Boten mit einem Brief oder während eines

[67] So z.B. *A. Oepke,* Gal, 211f; *H. Schlier,* Gal, 18; *Ph. Vielhauer,* Urchristliche Literatur, 110f; *H. Hübner,* Art. Gal, 11; *J. W. Drane,* Paul, 140–143; *R. Jewett,* Paulus-Chronologie, Beiblatt.
[68] So *U. Borse,* Standort, 120; *F. Mussner,* Gal, 9ff; *U. Wilckens,* Röm I, 47f; *A. Suhl,* Paulus, 217ff (Gal nach 1 Kor); *D. Zeller,* Röm, 13 (Gal in unmittelbarer Nähe zum Röm); *G. Lüdemann,* Paulus I, 273; *C.H. Buck–F.G. Taylor,* Saint Paul, 146; *J. Becker,* Gal, 4ff; *J.B. Lightfoot,* Gal, 55 (Gal direkt vor Röm).
[69] Vgl. *U. Wilckens,* Röm I, 48; *U. Borse,* Standort, 120–135.

Besuches des Apostels geschah. Nun wird diese Kollekte im Gal völlig unproblematisch im Rahmen der Vereinbarungen des ‚Apostelkonzils' in 2,10 erwähnt. Da sie kein Gegenstand der Auseinandersetzungen des Paulus mit seinen Gegnern in Galatien ist[70] und sonst nicht mehr im Gal erwähnt wird, ist anzunehmen, daß die Kollektenaktion in Galatien z. Zt. der Abfassung des Gal bereits abgeschlossen war.[71] Beide Punkte sprechen also für eine späte Abfassung des Gal kurz vor dem Röm, aber nach den Korintherbriefen. Trotz der von Borse aufgezeigten zahlreichen Berührungspunkte zwischen Gal und 2 Kor 10 – 13 sind die Übereinstimmungen zwischen dem Gal und Röm so erheblich, daß nur der Gal der letzte vor dem Röm geschriebene Brief sein kann.[72]

3.2.5. Römerbrief (Röm)

Der Röm ist bis auf 16,(24)25–27 eine literarische Einheit.[73] Abgefaßt wurde er am Wendepunkt des missionarischen Wirkens des Paulus, denn dieser sieht seine Arbeit im Osten des Reiches als beendet an und will nun im Westen die Verkündigung seines Evangeliums fortsetzen (15,23–24). Er ist im Begriff, nach Jerusalem zu gehen, um die Spenden aus Mazedonien und Achaia zu überbringen (15,28–29). Abfassungsort ist wahrscheinlich Korinth, worauf Apg 20,2f; Röm 16,1 und 16,23 im Vergleich mit 1 Kor 1,14 hinweisen.[74]

---

[70] Wäre die Kollekte durch Agitation der Gegner zum Erliegen gekommen, so hätte sie Paulus sicherlich zum Gegenstand seiner Auseinandersetzungen mit den Gegnern gemacht.

[71] So auch *J. Becker*, Gal, 26.

[72] *U. Borse*, Standort, 109, kann Gal und 2 Kor 10 – 13 nur deshalb gleichzeitig in unmittelbarer Nähe zum Röm ansiedeln, weil er das Verhältnis von 2 Kor 10 – 13 zum Röm nicht gesondert untersucht.

[73] Vgl. dazu *K. Aland*, Schluß, 284–301; zur Kritik an Teilungshypothesen vgl. *U. Wilckens*, Röm I, 28f. Möglicherweise liegt in Röm 16,17–20 eine nachpaulinische Interpolation vor, denn die Irrlehrerpolemik erscheint sowohl inhaltlich als auch formgeschichtlich deplaziert; vgl. *W.-H. Ollrog*, Abfassungsverhältnisse, 229–234; *F. Schnider – W. Stenger*, Studien, 82f. Die Erwähnung vieler Christen in Röm 16,1–16 ist hingegen kein Grund, Röm 16 als separates Schreiben aufzufassen; vgl. dazu *W.-H. Ollrog*, Abfassungsverhältnisse, 234–242; *P. Stuhlmacher*, Abfassungszweck, 180ff; *P. Lampe*, Die stadtrömischen Christen, 124–153.

[74] Vgl. *W. G. Kümmel*, Einleitung, 272; *Ph. Vielhauer*, Urchristliche Literatur, 175.

3.2.6. Philipperbrief (Phil)

Die Stellung des Philipperbriefes im Corpus Paulinum ist in der Forschung sehr umstritten.[75] Paulus schrieb diesen Brief während einer Gefangenschaft (Phil 1,7.13.17), die ihn allerdings nicht an einer regen missionarischen Tätigkeit hinderte (Phil 1,12ff). Aus Philippi erhielt er durch Epaphroditus eine Gabe (Phil 4,18; vgl. ferner 2,25; 4,14), und er schickte nun Epaphroditus zurück, um sich zu bedanken (Phil 2,25.28). In der Zwischenzeit war allerdings Epaphroditus am Haftort des Paulus sehr schwer erkrankt, was die Gemeinde in Philippi in Sorge versetzte (Phil 2,26–30). Auch Paulus möchte die Gemeinde besuchen (Phil 1,26; 2,24), obgleich der Ausgang seines Prozesses noch offen ist. Eine Verhandlung fand bereits statt (Phil 1,7), und Paulus rechnet mit einer baldigen Entscheidung (2,23), hält Freispruch oder Tod für möglich (Phil 1,19–24), hofft aber auf einen guten Ausgang (Phil 1,25). Auf jeden Fall will er Timotheus nach Philippi schicken (Phil 2,19–23), um zu erfahren, wie es um die Gemeinde steht.

Von den in der Forschung vorgeschlagenen Haftorten (Rom, Cäsarea, Ephesus)[76] hat Rom die größte Wahrscheinlichkeit für sich. Die Schilderung der römischen Haft in Apg 28,30f läßt sich sehr gut mit der im Phil vorausgesetzten milden Haftsituation vereinbaren. Zudem lassen sich die Erwähnung der Prätorianergarde (Phil 1,13)[77] und der kaiserlichen Sklaven (Phil 4,22) am einfachsten aus einer Gefangenschaft in Rom verstehen. Von entscheidender Bedeutung für die Rom-Hypothese und damit eine Spätdatierung des Phil sind aber fünf Beobachtungen: 1. Das Fehlen

---

[75] Vgl. *W. G. Kümmel,* Einleitung, 280ff.

[76] Zum Für und Wider vgl. *W. G. Kümmel,* aaO., 284ff; *J. Gnilka,* Phil, 18–25; *H.H. Schade,* Apokalyptische Christologie, 182ff. Die von *A. Deissmann* begründete Ephesus-Hypothese (vgl. *ders.*, Paulus, 13 A 2) wird heute von vielen Exegeten geteilt (z.B. *G. Bornkamm,* Paulus, 245; *G. Friedrich,* Phil, 129ff; *J. Gnilka,* Phil, 199; *G. Barth,* Phil, 8f; *W. Schenk,* Philipperbriefe, 338). Für Cäsarea als Haftort plädiert besonders *E. Lohmeyer,* Phil, 3f, wofür er sich speziell auf Apg 24,23.27 berufen kann. Die Rom-Hypothese ist in diesem Jahrhundert durch *J. Schmid,* Gefangenschaftsbriefe, passim, und *C.H. Dodd,* The Mind of Paul II, 85–108, erneuert worden. In der neuesten Forschung findet sie wieder mehr Anhänger: vgl. *O. Merk,* Handeln aus Glauben, 174; *C.H. Hunzinger,* Hoffnung angesichts des Todes, 85 A 30; *W. Wiefel,* Hauptrichtung des Wandels, 79; *G. Strecker,* Befreiung und Rechtfertigung, 230; *G. Lüdemann,* Paulus I, 142 A 80; *H.H. Schade,* Apokalyptische Christologie, 190; *J. Roloff,* Apg, 372.

[77] Vgl. dazu *Th. Zahn,* Einleitung I, 389 A 2.

von Kollektennotizen weist darauf hin, daß die Kollekte z.Zt. der Abfassung des Briefes bereits abgeschlossen war.[78] 2. Der Phil setzt eine lange Haftdauer voraus: Die Philipper erfuhren von der langen Gefangenschaft des Paulus und sandten durch Epaphroditus eine Gabe (Phil 4,18). Während seines Aufenthaltes bei Paulus erkrankte Epaphroditus sehr schwer, die Gemeinde zu Philippi hörte davon und war in Sorge, nun aber ist Epaphroditus wieder gesund und überbringt den Philipperbrief (Phil 2,25–30). Sollte der Phil in Ephesus abgefaßt worden sein, so wäre das Schweigen der Apg über die dann vorauszusetzende lange Gefangenschaft des Apostels in Ephesus unerklärlich,[79] während die zweijährige Gefangenschaft in Rom (Apg 28,30) mit der im Brief vorausgesetzten Situation gut vereinbar ist. 3. Die distanzierte Darstellung der Verhältnisse am Gefangenschaftsort in Phil 1,12–18 (bes. VV. 15.17, vgl. dazu 1 Klem 5,5!) läßt darauf schließen, daß die Gemeinde nicht vom Apostel selbst gegründet wurde. 4. Der in den echten Paulusbriefen nur in Phil 1,1 (vgl. ferner Apg 20,28; 1 Tim 3,2; Tit 1,7) erscheinende Terminus ἐπίσκοπος (Aufseher) setzt ein Fortschreiten der Gemeindesituation in Richtung auf die Pastoralbriefe voraus.[80] 5. Die Untersuchung des paulinischen Sprachgebrauchs im Philipperbrief durch H.H. Schade[81] zeigt, daß die sprachlichen Eigentümlichkeiten im Proömium, im Gebrauch des Christustitels, in der Verwendung von „wir“ und „ich“ und im Vorkommen seltener Worte (vgl. bes. Βενιαμίν = ‚Benjamin‘ nur Röm 11,1; Phil 3,5; Ἑβραῖος = ‚Hebräer‘ nur 2 Kor 11,22; Phil 3,5; ἐργάτης = ‚Arbeiter‘ nur 2 Kor 11,13; Phil 3,2; φυλή = ‚Stamm‘ nur Röm 11,1; Phil 3,5) alle darauf hinweisen, daß der Phil zeitlich nach dem Röm einzuordnen ist.

Gegen Rom als Abfassungsort des Phil wird eingewendet, die große Entfernung zwischen Haftort und Gemeinde lasse den im Brief vorausgesetzten regen Verkehr nicht zu. Zudem hätte Paulus seine in Röm 15,24.28 angekündigten Reisepläne geändert, da er ja nach seiner Entlassung Philippi besuchen wollte. Beide Einwände sind nicht stichhaltig. Paulus konnte seine Reisepläne ändern, was die korinthische Korrespondenz belegt (vgl. 1 Kor 16,5–8 mit 2 Kor 1,15f). Außerdem wäre die geplante Spanienreise durch einen Besuch in Philippi aus aktuellem Anlaß nicht aufgehoben, sondern nur aufgeschoben. Überdies gehört der Be-

---

[78] Vgl. *H. H. Schade*, Apokalyptische Christologie, 189.

[79] Zu den Schwierigkeiten der Ephesus-Hypothese vgl. bes. *J. Schmid*, Gefangenschaftsbriefe, 10ff.72ff.

[80] Vgl. *J. Roloff*, Art. Amt, 522.

[81] Vgl. *H. H. Schade*, Apokalyptische Christologie, 184–190.

suchswunsch zum Formschema paulinischer Briefe (vgl. 1 Thess 2,17ff; 1 Kor 16,5f; 2 Kor 13,1; Gal 4,20; Röm 15,23f; Phlm 22).[82]
Die Verkehrsverbindungen zwischen Philippi und Rom waren sehr gut (auf der Via Egnatia bis Dyrrhachium, Überfahrt nach Brundisium, dann Weiterreise auf der Via Appia).[83] Schiffsreisen von Philippi nach Rom dauerten ca. 2 Wochen,[84] für eine überwiegende Reise auf dem Landweg ist bei ca. 1084 km[85] Entfernung und einer täglichen Reisegeschwindigkeit von ca. 37 km[86] eine maximale Reisedauer von 4 Wochen anzunehmen, die allerdings bei Berücksichtigung der guten Straßenverhältnisse, einer günstigen Überfahrt und möglicher Benutzung eines Wagens eher unterschritten sein dürfte. Setzt man im Phil vier Reisen zwischen Rom und Philippi voraus (1. Die Philipper hören von der Haft des Paulus, 2. sie schicken Epaphroditus, 3. die Philipper erfahren von der Krankheit des Epaphroditus, 4. Paulus schickt Epaphroditus zurück nach Philippi), so bereitet dies bei einer längeren Gefangenschaft des Paulus keine Schwierigkeiten.
Auch die Einheitlichkeit des Phil ist in der Forschung umstritten. Zahlreiche Exegeten sehen im Phil eine Briefsammlung und rechnen zumeist mit der Existenz von drei Briefen (Brief A: Phil 4,10–20 Dankesbrief für die Gabe aus Philippi; Brief B: Phil 1,1 – 3,1; 4,4–7; 4,21–23 Bericht über die Lage des Apostels; Brief C: Phil 3,2 – 4,3; 4,8–9 Auseinandersetzung mit den Irrlehrern).[87] Als Argumente für diese These gelten: 1. Der Stimmungsumschwung zwischen Phil 3,1 und 3,2; 2. die fehlenden Hinweise auf die Gefangenschaftssituation in Phil 3,2 – 4,3; 3. der vergleichbare Aufbau von Phil 4,4–7 und Phil 4,8–9 als Indiz für zwei Schlußmahnungen; 4. die thematische Geschlossenheit von Phil 4,10–20 als Hinweis auf einen separaten Dankesbrief. Überzeugen können diese Argumente nicht.
Ad 1: Der nicht zu leugnende Umschwung zwischen Phil 3,1 und 3,2

---

[82] Vgl. *G. Lüdemann*, Paulus I, 142 A 80.

[83] Vgl. dazu *J. Schmid*, Gefangenschaftsbriefe, 77–83; die guten Straßenverhältnisse betont *G. Radke*, Art. Viae publicae Romanae, Sp. 1477.

[84] Vgl. *L. Friedländer*, Sittengeschichte, 337ff.

[85] Vgl. *A. Wikenhauser–J. Schmid*, Einleitung, 506.

[86] *L. Friedländer*, aaO., 333, rechnet mit 37,5 km pro Tag, andere Berechnungen bei *G. Lüdemann*, Paulus I, 142 A 180.

[87] Forschungsübersicht bei *W. G. Kümmel*, Einleitung, 291; *J. Gnilka*, Phil, 6ff. Zu der immer wieder angeführten Stelle Polyc, Phil 3,2 vgl. *K. Aland*, Corpus Paulinum, 349f, der zu Recht auf Polyc, Phil 11,3 hinweist, wo Polykarp von einem Paulusbrief an die Philipper ausgeht (vgl. auch *W. Bauer–H. Paulsen*, Briefe des Ignatius von Antiochia und der Polykarpbrief, 116). Für die Einheit des Phil plädiert zuletzt mit guten Beobachtungen *B. Mengel*, Studien, 297ff.

kommt keineswegs so abrupt, wie zumeist behauptet wird. Während Paulus in 1,15–18 Missionare an seinem Haftort erwähnt, die aus unlauteren Motiven das Evangelium verkündigen, spricht er in Phil 1,28 von Widersachern in Philippi, durch die sich die Gemeinde nicht erschrecken lassen soll. Diesen Widersachern sagt er das Verderben, der Gemeinde hingegen die Rettung voraus. Auf die Gegner in Philippi spielt Paulus auch mit Phil 2,21 an, wo er von denen spricht, die das Ihre suchen, nicht aber das, was Jesu Christi ist. Zudem wird die Gemeinde besonders in Phil 1,27; 2,1–5 zur Einheit aufgerufen, so daß die Erwähnung der κύνες (Hunde) in Phil 3,2 keineswegs unvorbereitet geschieht. Schließlich basiert das zentrale Briefmotiv der χαρά (Freude) nicht auf Gefühlen, sondern bewährt sich gerade in Konflikten. Paulus nimmt mit τὰ αὐτά (dasselbe) in Phil 3,1 deutlich Phil 2,18 auf[88] und stellt wie in Phil 1,18b–26 bewußt die Freude seinen Ausführungen voran. Sowohl in Phil 1,18b–26 als auch in Phil 3,1–11 wird nichts gesagt, was zu einer rein gefühlsmäßigen Freude Anlaß gäbe, sondern Paulus bestärkt die Gemeinde zunächst in ihrem Heilsstand, bevor er drängende Probleme erörtert.
Ad 2: Hinweise auf die Gefangenensituation fehlen in Phil 3,2 – 4,3 natürlich erst dann, wenn man zuvor diesen Abschnitt als gesondertes Brieffragment aus seinem jetzigen Kontext ausscheidet.[89] Methodisch kann ein derartiges Vorgehen nur als petitio principii bezeichnet werden, es ist ohne argumentativen Wert.
Ad 3: In Phil 4,1 schließt Paulus mit der Mahnung στήκετε ἐν κυρίῳ (steht fest im Herrn) seine Auseinandersetzung mit den Irrlehrern in Philippi ab. Es folgt dann in 4,2 die Aufforderung, einen Streit zwischen zwei Frauen in der Gemeinde zu schlichten, die einst wertvolle Mitarbeiterinnen des Apostels waren. Mit 4,4–6 setzt wieder die allgemeine Paränese ein,[90] wobei die Ermahnungen und begründenden Motivierungen des Apostels nicht situationsspezifisch sind, andererseits aber doch auf dem Hintergrund der die Gemeinde gefährdenden Streitfälle gesehen werden müssen. Als übergeordnete eschatologische Begründung erscheint das ὁ κύριος ἐγγύς (der Herr ist nahe) in V. 5b, dem alle folgenden Mahnungen zuzuordnen sind. In V. 7 liegt nicht ein Schlußwunsch vor, sondern eine Verheißung, mit der Paulus die Mahnung in V. 6 begründet.[91] Es folgt in V. 8 ein Tugendkatalog, der mit einem folgernden τὸ

---

[88] Vgl. *M. Dibelius,* Phil, 86.
[89] Vgl. *W. G. Kümmel,* Einleitung, 293.
[90] Vgl. *O. Merk,* Handeln aus Glauben, 194.
[91] Vgl. aaO., 195.

λοιπόν (also) eingeleitet wird (vgl. 1 Kor 7,29!). V. 9 nimmt V. 8 auf und begründet mit dem Wandel des Apostels die zuvor erteilten profanethischen Weisungen. In Phil 4,4–9 läßt sich eine stringent fortschreitende Gedankenfolge nachweisen, so daß die Annahme zweier ursprünglich selbständig überlieferter Schlußmahnungen unwahrscheinlich ist.
Ad 4: Sollte Phil 4,10–20 ein separates Dankesschreiben sein, so ist es höchst auffällig, daß der Dank für die konkrete Geldzuwendung so in den Hintergrund tritt,[92] denn Paulus drückt seine Freude über den Zustand der Gemeinde und ihre Unterstützung in sehr allgemeinen Wendungen aus.[93] Zudem bleibt die Krankheit des Epaphroditus, der die Spende der Philipper dem Apostel überbrachte (Phil 2,25; 4,18),[94] dann unerwähnt.
Zusammenfassend läßt sich feststellen, daß der Phil als eine literarische und auch theologische Einheit verstanden werden muß, als ein theologisches Zeugnis aus der Spätzeit des Apostels Paulus.

3.2.7. Philemonbrief (Phlm)

In die unmittelbare Nähe des Phil gehört der Philemonbrief. Paulus befindet sich in Gefangenschaft (Phlm 1.9.13), und wie bei der Abfassung des Phil sind Timotheus und andere Mitarbeiter bei ihm (Phlm 1.23.24). Anlaß des Briefes ist die Zurücksendung des nach einem Diebstahl (Phlm 18) entlaufenen Sklaven Onesimus an Philemon, einen Christen aus Kolossä (vgl. Kol 4,9: Onesimus; Kol 4,17/Phlm 2: Archippus). Offenbar konnte Paulus den Onesimus zum Christentum bekehren (Phlm 10), und er sendet ihn nun zu Philemon zurück, damit dieser ihn als geliebten Bruder aufnehme (Phlm 16). Allerdings hätte Paulus am liebsten Onesimus als hilfreichen Mitarbeiter bei sich behalten, was er gegenüber Phlm deutlich zu erkennen gibt (Phlm 13.21). Der Phlm setzt eine sehr milde Haftsituation voraus, denn Paulus hat Mitarbeiter um sich (Phlm 1.23f) und er kann missionarisch tätig sein (Phlm 10). Dies weist nach Rom als Haftort.[95] Das zeitliche Verhältnis zum Phil läßt sich nicht mit Sicherheit

---

92 Vgl. *W. Schrage,* Einzelgebote, 60.
93 Zur Analyse vgl. *O. Merk,* Handeln aus Glauben, 198ff.
94 *G. Barth,* Phil, 75, u.a. müssen aufgrund ihrer Teilungshypothesen natürlich behaupten, der ‚Brief' Phil 4,10–20 sei vor der Erkrankung des Epaphroditus geschrieben.
95 Für Rom plädieren u.a. *J. B. Lightfoot,* Phlm, 310f; *H. Gülzow,* Christentum und Sklaverei, 29f. Die meisten neueren Untersuchungen plädieren für Ephesus; so z.B. *P. Stuhlmacher,* Phlm, 21; *J. Gnilka,* Phlm, 4f; *E. Lohse,* Phlm, 264.

bestimmen, allerdings weist die Ironie in Phlm 19 darauf hin, daß Paulus sich in einer gegenüber Phil verbesserten Stimmung und Lage befindet, so daß der Phlm wohl zeitlich nach dem Phil anzusetzen ist.

4. Die Eschatologie

Innerhalb der paulinischen Eschatologie lassen sich Verschiebungen in der Stellung der noch lebenden und schon verstorbenen Christen im Ablauf des unmittelbar bevorstehend geglaubten Endgeschehens nachweisen. Paradigmatisch kann dies durch einen Vergleich von 1 Thess 4,13–18; 1 Kor 15,51f; 2 Kor 5,1–10 und Phil 1,23; 3,20f gezeigt werden.

4.1. 1 Thess 4,13–18

Ausgelöst durch überraschende Todesfälle in der Gemeinde, verbindet Paulus in 1 Thess 4,13–18 erstmalig die Vorstellungen der Parusie des Herrn und einer Auferstehung toter Christen.[1] Mit V. 13 leitet Paulus in die Problematik ein, um der in der Gemeinde herrschenden Trauer ein Wort der Hoffnung entgegenzustellen.[2] Die kerygmatische Formulierung in V. 14 beinhaltet eine erste Antwort des Apostels. Er setzt den Tod und die Auferweckung Jesu als anerkannten Gemeindeglauben der Thessalonicher voraus und folgert, Gott werde auch die schon Entschlafenen nicht verloren gehen lassen. Bei der Parusie findet ein eschatologisches Mittlerwirken Jesu statt,[3] denn Gott wird διὰ τοῦ Ἰησοῦ[4] (durch Jesus) die schon Entschlafenen mit Jesus (σὺν αὐτῷ) führen. Es bleibt freilich unerwähnt, wie sich dieses ἄγειν (führen) vollzieht, so daß VV. 15–17 die paulinische Argumentation weiterführen. V. 15 ist eine Zusammenfassung des in V. 16f zitierten Herrenwortes und damit eine Applizierung der folgenden Tradition auf die Situation in Thessalonich. Die Aussagen von V. 15 liegen auf der zeitlichen Ebene von V. 17, und Paulus übernahm offenbar zudem Passagen aus diesem Vers (vgl. οἱ ζῶντες οἱ περιλειπό-

---

[1] Vgl. *W. Marxsen*, 1 Thess, 65.

[2] Zu den hier nicht in extenso zu behandelnden zahlreichen Spezialproblemen von 1 Thess 4,13–18 vgl. die grundlegenden Analysen von *U. Luz*, Geschichtsverständnis, 318–331; *P. Siber*, Mit Christus leben, 13–59; *W. Wiefel*, Hauptrichtung des Wandels, 66–71; *G. Lüdemann*, Paulus I, 220–263; *H.H. Schade*, Apokalyptische Christologie, 157–172; *G. Storck*, Eschatologie, 6–33; *W. Radl*, Ankunft des Herrn, 113–156; *J. Baumgarten*, Paulus und die Apokalyptik, 91–98; *J. Becker*, Auferstehung der Toten, 46–54.

[3] Vgl. *H. H. Schade*, Apokalyptische Christologie, 158.

[4] Διά (durch) ist hier kausal zu verstehen, denn Jesu Tod und Auferstehung (V. 14a) ist der Heilsgrund für das in V. 14b angesagte Geschehen.

μενοι = ‚die übriggebliebenen Lebenden').[5] Der traditionelle Charakter von V. 16f läßt sich sowohl auf sprachlicher als auch auf motivgeschichtlicher Ebene nachweisen.[6]

Hapaxlegomena im NT sind κέλευσμα (Befehl) und περιλείπεσθαι (übrigbleiben, V. 15 setzt V. 17 voraus!), Hapaxlegomena bei Paulus σάλπιγξ = ‚Trompete' (1 Kor 15,52 ist von 1 Thess 4,16 abhängig), ἀρχάγγελος = ‚Erzengel' (sonst nur noch Jud 9), ἀπάντησις = ‚Begegnung' (sonst noch Mt 25,6; Apg 28,15). Ein für Paulus ungewöhnlicher Wortgebrauch liegt bei φωνή = ‚Stimme' (in unapokalyptischem Gebrauch noch in 1 Kor 14,7.8.10.11; Gal 4,20), καταβαίνειν = ‚herabsteigen' (sonst nur noch Röm 10,7), ἀνίστασθαι = ‚auferstehen' (nur noch im unmittelbaren Kontext V. 14), ἁρπάζεσθαι = ‚entrücken' (vgl. 2 Kor 12,2.4; nur in 1 Thess 4,17 auf die endzeitliche Entrückung bezogen), νεφέλη = ‚Wolke' (nur noch in 1 Kor 10,1.2 in dem Midrasch über die Wüstengeneration) und ἀήρ = ‚Luft' (in 1 Kor 9,26; 14,9 übertragener Sprachgebrauch) vor.
Motivgeschichtliche Parallelen zu der von Paulus aufgenommenen Tradition finden sich in 4 Esra 13 und syrBar 29f; 50f.[7]

Paulus hat das von ihm aufgenommene urchristliche Herrenwort[8] zeitlich strukturiert (πρῶτον/ἔπειτα = ‚zuerst/dann') und kombiniert (ἅμα σὺν αὐτοῖς = ‚zugleich mit ihnen')[9] sowie auf die Situation in Thessalonich hin aktualisiert (ἡμεῖς οἱ ζῶντες = ‚wir, die Lebenden'), um mit der Wendung καὶ οὕτως πάντοτε σὺν κυρίῳ ἐσόμεθα (und so werden wir immerdar beim Herrn sein) den soteriologischen Zielpunkt des gesamten Geschehens anzugeben. Innerhalb des traditionellen Herrenwortes beginnt die Schilderung der Endereignisse mit dem triumphalen Kommen des Kyrios vom Himmel, dem zuerst die Auferstehung der νεκροὶ ἐν Χριστῷ (Toten in Christus) und dann die gemeinsame Entrückung mit den Lebenden in die Wolken zur Begegnung mit dem Herrn folgen, um beim Herrn zu sein und zu bleiben. Der Auferstehung der toten Gemeindeglieder kommt innerhalb dieses Ablaufes nur eine untergeordnete Funktion zu. Die Auferstehung der Toten in Christus ist lediglich die Voraussetzung der Entrückung aller, die den eigentlichen eschatologi-

[5] Vgl. *G. Lüdemann,* Paulus I, 243.
[6] Vgl. bes. *P. Siber,* Mit Christus leben, 35ff; *G. Lüdemann,* Paulus I, 242ff.
[7] Analyse der Texte bei *G. Lüdemann,* Paulus I, 249–252.
[8] Rekonstruktionsversuche bei *H. H. Schade,* Apokalyptische Christologie, 160; *P. Hoffmann,* Art. Auferstehung, 453f; *G. Lüdemann,* Paulus I, 247; *G. Sellin,* Der Streit um die Auferstehung der Toten, 43.
[9] Vgl. *G. Lüdemann,* Paulus I, 245.

schen Akt darstellt und Bedingung für das σὺν κυρίῳ ἐσόμεθα (wir werden beim Herrn sein) ist.
Da für die Thessalonicher der unerwartete Tod einiger Gemeindeglieder vor der Parusie des Herrn Anlaß für ihre besondere Anfrage war, ist anzunehmen, daß Paulus bei seiner Gründungspredigt von einer Auferstehung der Toten nicht sprach, den Thessalonichern diese Vorstellung also unbekannt war.[10] Paulus als einem ehemaligen Pharisäer war sie hingegen sehr wahrscheinlich geläufig, so daß sich dieser zunächst befremdliche Befund nur so erklären läßt, daß Paulus in Erwartung der unmittelbar bevorstehenden Parusie des Herrn zunächst auf die Vorstellung einer Auferstehung der gläubigen Toten verzichten konnte. Erst der Tod einiger Christen vor der Parusie und die damit einsetzende Problematik der Parusieverzögerung und Geschichtlichkeit des christlichen Glaubens zwingen ihn zur Einführung der Vorstellung einer Auferstehung der toten Gläubigen. Für die Richtigkeit dieser Annahme spricht die Beobachtung, daß auch in 4,13–17 der Auferstehung toter Christen nur eine Hilfsfunktion zukommt, Paulus also seiner ursprünglichen Konzeption einer Entrückung aller bei der Parusie des Herrn treu bleibt. Soteriologisches Ziel des gesamten Geschehens ist das σὺν κυρίῳ ἐσόμεθα, dem die Parusie des Herrn als Horizont, die Entrückung aller als Voraussetzung und die Auferstehung der toten Gemeindeglieder als Ermöglichung dieser Voraussetzung vorangehen. Der Tod von Christen vor der Parusie ist im 1 Thess die Ausnahme, Paulus rechnet sich selbst und auch die Gemeinde bei der Parusie zu den Lebenden (ἡμεῖς οἱ ζῶντες = ‚wir, die Lebenden' VV. 15.17), wohl in der Gewißheit, die Ankunft des Herrn stehe unmittelbar bevor, so daß 1 Thess 4,13–17 als Zeugnis einer ungebrochenen akuten Naherwartung zu gelten hat.

4.2. 1 Kor 15,51f

Eine veränderte Situation spiegelt sich im 1 Kor wider, denn hier ist der Tod von Christen vor der Parusie des Herrn nicht mehr die Ausnahme, sondern die Regel (vgl. 1 Kor 7,39; 11,30; 15,6.18.29.51). Paulus bewältigt diese durch die sich anbahnende Dehnung der Zeit hervorgerufene

[10] Vgl. *G. Bornkamm,* Paulus, 228; *E. Brandenburger,* Auferstehung der Glaubenden, 20; *W. Marxsen,* 1 Thess, 65 u.a.; zur Diskussion der Möglichkeiten vgl. *G. Sellin,* Der Streit um die Auferstehung der Toten, 37ff.

Problematik[11] in 1 Kor 15,12ff, wo er vom Grundaxiom der Auferstehung Jesu Christi her die Frage nach der Möglichkeit und der Beschaffenheit des Auferstehungsleibes stellt. Weil ,Fleisch und Blut das Himmelreich nicht ererben können' (1 Kor 15,50), ergibt sich für Paulus das Problem der Substantialität des Auferstehungsleibes. Ausgehend von der Schöpferkraft Gottes, der verschiedene Arten von Leibern schafft und vergehen läßt, gelangt Paulus in 1 Kor 15,35ff zu einer antithetischen Anthropologie, bei der die σῶμα (Leib)-Vorstellung die Kontinuität zwischen der irdischen und himmlischen Seinsweise gewährleistet, während die scharfe Unterscheidung zwischen dem vergänglichen σῶμα ψυχικόν (irdischer Leib) und dem unvergänglichen σῶμα πνευματικόν (geistiger Leib) die Diskontinuität zwischen der prä- und postmortalen Existenz zum Ausdruck bringt (vgl. 1 Kor 15,42–49).[12] Ermöglichungsgrund der Auferstehung der verstorbenen Christen ist die Auferstehung Jesu Christi, der als πνεῦμα ζῳοποιοῦν (lebenspendender Geist) den pneumatischen Auferstehungsleib der Verstorbenen bewirkt (vgl. 1 Kor 15,44b.45). Mit 1 Kor 15,50 leitet Paulus das in V. 51f folgende Mysterium ein, indem er unter Aufnahme traditioneller Begrifflichkeit[13] die Einlaßbedingungen für das Gottesreich formuliert: Sowohl die bei der Parusie noch Lebenden (σὰρξ καὶ αἷμα = ,Fleisch und Blut') als auch die schon Verstorbenen (ἡ φθορά = ,das Vergängliche') können in ihrer jeweiligen natürlichen Beschaffenheit nicht zu Gott gelangen.[14] Vielmehr bedarf es dazu eines außerordentlichen Aktes Gottes, den der Apostel in V. 51f schildert. Die apokalyptische Enthüllung beginnt mit der Feststellung πάντες οὐ κοιμηθησόμεθα (wir werden nicht alle entschlafen), die voraussetzt, daß im Gegensatz zu 1 Thess 4,13–18 der Tod vor der Parusie

[11] Anders *G. Sellin,* Der Streit um die Auferstehung der Toten, 63ff, der in der Auseinandersetzung des Apostels mit einer in Korinth durch Apollos vermittelten dualistischen hellenistisch-jüdischen Pneumatologie und Anthropologie den Anlaß für die gegenüber 1 Thess 4,13–18 neue Argumentation sieht. Dagegen spricht u.a. die paulinische Problemlösung in V. 51ff, die keinerlei Polemik erkennen läßt, sondern sich aus der Dehnung der Zeit folgerichtig ergibt. Auch ist es unwahrscheinlich, daß Apollos das weisheitlich hellenistisch-jüdische Pneumatikertum nach Korinth brachte, denn in diesem Fall hätte ihn Paulus wohl kaum nachdrücklich aufgefordert, wieder nach Korinth zu gehen (vgl. 1 Kor 16,12).

[12] Vgl. *U. Schnelle,* Entstehung der paulinischen Anthropologie, 214ff. Die deutliche Differenzierung in 1 Kor 15,46 zeigt, daß auch die Auferstehungsproblematik dem korinthischen Pneumaenthusiasmus entsprang.

[13] Vgl. *J. Becker,* Auferstehung der Toten, 97.

[14] Vgl. *J. Jeremias,* Flesh and Blood, 299; anders *Chr. Wolff,* 1 Kor, 206.

jetzt zum Normalfall geworden ist.[15] Ein völlig neues Motiv bringt V. 51b ein:[16] πάντες δὲ ἀλλαγησόμεθα (wir werden alle verwandelt werden). Betont πάντες (alle) die Gleichrangigkeit von noch Lebenden und schon Verstorbenen im Endgeschehen, so vermag auch das Verwandlungsmotiv die Gleichstellung aller bei der Parusie zu wahren, darüber hinaus aber die von der vorhergehenden Argumentation geforderte Antwort auf den Übergang in die postmortale Existenz zu geben. Das Verwandlungsmotiv betont gleichermaßen sowohl die Diskontinuität gegenüber dem alten Sein als auch den Modus des neuen Seins. In V. 52a wird der Offenbarungsspruch weitergeführt, indem nun die zeitlichen Modalitäten des Endgeschehens in dreifacher Weise näher erläutert werden. Wies schon V. 51b auf das freie Schöpferhandeln Gottes hin, so wird dies durch die Zeitangaben ἄτομος (im Nu) und ῥιπή (der Wurf) unterstrichen. Allein im souveränen Handeln Gottes sind Zeitpunkt und Art der eschatologischen Neuschöpfung begründet. Mit σαλπίσει (es wird blasen) führt Paulus seine Interpretation des Offenbarungsspruches ein,[17] wobei das Futur den Zukunftscharakter des Endgeschehens deutlich unterstreicht. Dann interpretiert und differenziert Paulus V. 51b, indem er zwischen den Toten, die unvergänglich auferstehen werden, und den noch Lebenden, die verwandelt werden, unterscheidet. Da ἄφθαρτος (das Unvergängliche) bereits den Zustand der künftigen Vollendung bezeichnet (VV. 41.50.53f), können mit ἡμεῖς ἀλλαγησόμεθα (wir werden verwandelt werden) nur die bei der Parusie Lebenden gemeint sein, zu denen sich Paulus zählt. Die neue Leiblichkeit der beiden Gruppen benennt Paulus in V. 53, wobei ἐνδύεσθαι (bekleidet werden) als Modus der Verwandlung den Gedanken der Kontinuität zwischen dem alten und neuen Sein betont. Offenbar stellt sich Paulus den Vorgang der Verwandlung als Überkleidung des irdischen Leibes mit dem geistigen Leib vor.[18] Das Ziel des gesamten Geschehens benennt V. 54: Die Vernichtung des Todes als eschatologischen Gegenspieler Gottes.

Auch im 1 Kor spiegelt sich eine ungebrochene akute Naherwartung wider (vgl. 1 Kor 7,29; 16,22). Paulus rechnet mit der Parusie des Herrn noch zu seinen Lebzeiten (1 Kor 15,52: wir werden verwandelt werden),

---

[15] Vgl. *J. Becker,* Auferstehung der Toten, 98.

[16] Der vorpaulinische Prophetenspruch umfaßte VV. 51b–52a; vgl. *J. Baumgarten,* Paulus und die Apokalyptik, 107; *J. Becker,* Auferstehung der Toten, 101; *Chr. Wolff,* 1 Kor, 206.

[17] Vgl. *Chr. Wolff,* aaO., 207.

[18] Vgl. *W. Wiefel,* Hauptrichtung des Wandels, 73.

muß aber der gegenüber 1 Thess 4,13–18 veränderten geschichtlichen Situation in seiner Argumentation Rechnung tragen. Er tut dies mit der Einführung des Verwandlungsmotives,[19] das gleichermaßen Kontinuität und Diskontinuität zwischen prä- und postmortaler Existenz betont, die Gleichrangigkeit zwischen schon Verstorbenen und noch Lebenden gewährleistet und zugleich die von der anthropologischen Argumentation her geforderte Antwort auf das ‚Wie' der Auferstehung der Christen gibt. Gegenüber 1 Thess 4,13–18 tritt die Schilderung der Parusieereignisse zurück, 1 Kor 15,51f ist ganz konzentriert auf die Frage nach dem Übergang in die neue postmortale Seinsweise.

4.3. 2 Kor 5,1–10

Das bereits in 1 Kor 15,53.54 erscheinende Motiv des ‚Bekleidetwerdens' wird in 2 Kor 5,1–10[20] pointiert als ‚Überkleidetwerden' aufgenommen. Paulus spricht in V. 1 unter Verwendung traditionellen Materials[21] von einem irdischen Zelthaus[22], nach dessen Auflösung ein nicht mit Händen gemachtes Haus in den Himmeln bereitsteht. Mit καταλυθῆναι (aufgelöst werden) ist das individuelle Sterben des Apostels vor der Parusie gemeint,[23] und weil Paulus dies jetzt für möglich hält, sehnt er sich nach dem Überkleidetwerden mit der himmlischen Behausung (V. 2). Offenbar

---

[19] Vgl. *J. Becker,* Auferstehung der Toten, 99.

[20] Zur Forschungsgeschichte vgl. *P. Hoffmann,* Die Toten in Christus, 254–267; *U. Luz,* Geschichtsverständnis, 359ff; *F.G. Lang,* 2 Kor 5,1–10 in der neueren Forschung, passim.

[21] Dafür sprechen vor allem die Hapaxlegomena in V. 1: ἀχειροποίητος (nicht von Händen gemacht), σκῆνος (Zelt), οἰκία (Haus), οἰκοδομή (Bau) und καταλύειν (abbrechen) im anthropologischen Sinn nur hier. *P. v. d. Osten-Sacken,* Römer 8, 104ff, will hinter 2 Kor 5,1f.6b.8b eine vorpaulinische Tradition rekonstruieren (vgl. aaO., 121f). Gegen eine zusammenhängende Tradition spricht aber deutlich die argumentative Struktur von 2 Kor 5,1ff, die auf Paulus als Verfasser hinweist.

[22] Die Vorstellung des Leibes als Zelt ist griechisch-hellenistischer Herkunft; vgl. *Plato,* Phaidon, 81C (von dort dürfte auch Weish 9,15 beeinflußt sein); vgl. ferner Jes 38,12 LXX; 4 Esra 14,13f (Weitere hellenistische Belege bietet *H. Windisch,* 2 Kor, 158; auf mandäische Parallelen verweist *Ph. Vielhauer,* Oikodome, 32ff.100ff).

[23] Vgl. *H. Windisch,* 2 Kor, 158; *H. Lietzmann,* Korinther I/II, 118; *W. Wiefel,* Hauptrichtung des Wandels, 75. Nicht überzeugend *F. Lang,* Briefe an die Korinther, 286, der meint, Paulus betone „hier nur die Gewißheit des Bereitseins".

denkt Paulus daran, unmittelbar nach dem Tod mit dem σῶμα πνευματικόν überzogen zu werden (vgl. 1 Kor 15,51 ff).[24] Der eigentliche Anlaß der Überlegungen wird in V. 3f sichtbar: Der Apostel fürchtet das Sterben als ein möglicherweise im Endgeschehen hinderliches Ereignis. Deshalb sein Wunsch, überkleidet und nicht nackt in diesem Geschehen gefunden zu werden.[25] Weil das Sterben sich als ein Akt des Entkleidens (ohne folgendes Überkleidetwerden) vollziehen kann, hofft der Apostel, dann überkleidet zu sein, weil nur so das Leben das Sterbliche verschlingt.[26] Als Unterpfand des neuen Lebens hat Gott bereits jetzt dem Getauften den Geist verliehen (vgl. 2 Kor 1,21 f), der als unverlierbare Gabe offenbar das Sterben überdauert (vgl. 1 Kor 3,15 f; 5,5) und Voraussetzung für das Überkleidetwerden mit dem σῶμα πνευματικόν ist.[27] Eine vorwiegend paränetisch orientierte Fortführung der vorangegangenen eschatologischen Aussagen stellen die VV. 6–10 dar.[28] Mit neuen Bildern (Fremde und Heimat, Auswandern und Einwandern)[29] beschreibt Paulus noch einmal die irdische Existenz als Getrenntsein von Christus (V. 6) und bringt dann in V. 7 prägnant den eschatologischen Vorbehalt zum Ausdruck: Die Heilsvollendung steht für den glaubenden Menschen noch aus. Christliche Existenz vollzieht sich auf Erden im Modus des Glaubens und nicht des Schauens (vgl. 1 Kor 13,12; Röm 8,24). Kann V. 7 als generelle Charakteristik christlichen Seins gelten, so formuliert Paulus in V. 8 seinen Wunsch, den vergänglichen Leib auszuziehen und daheim beim Herrn zu sein. Der Tod vor der Parusie des Herrn erscheint hier nicht nur als Möglichkeit, er ist sogar das Verlangen des Apostels! Weil das erhoffte Sein bei Christus unmittelbar mit dem Gericht verbunden ist, schließt Paulus den Abschnitt mit der Mahnung ab, dem kommenden Gericht gemäß zu leben (V. 9f).

Kennzeichnend für 2 Kor 5,1–10 ist eine Tendenz zum Dualismus und

---

[24] Vgl. *H. Windisch*, 2 Kor, 160.

[25] Zum griechisch-hellenistischen Hintergrund des Bildes der Nacktheit als Folge der Auflösung des irdischen Leibes vgl. die Belege bei *H. Windisch*, 2 Kor, 164 f; *W. Wiefel*, Hauptrichtung des Wandels, 75 f.

[26] Offenbar denkt Paulus daran, direkt im Akt des Sterbens mit dem lebenspendenden σῶμα πνευματικόν überzogen zu werden, um so der Nichtigkeit zu entgehen, vgl. dazu *H. Windisch*, 2 Kor, 163.

[27] Vgl. *W. Wiefel*, Hauptrichtung des Wandels, 76.

[28] Vgl. zur Gliederung des Textes *R. Bultmann*, 2 Kor, 132; *C.H. Hunzinger*, Hoffnung angesichts des Todes, 76 ff.

[29] Belege für die hier im Hintergrund stehenden griechisch-hellenistischen Vorstellungen bieten *H. Windisch*, 2 Kor, 166; *W. Wiefel*, Hauptrichtung des Wandels, 76 f.

zur Individualisierung. Der Dualismus zeigt sich zunächst in den Bildern (irdische – himmlische Behausung, Daheimsein – Fernsein, entkleidet – überkleidet werden, das Sterbliche – das Leben), denen eine hellenistisch geprägte Anthropologie zugrundeliegt. Das Bild vom Leib als Zelt und damit nur zeitweiliger Wohnstätte des Selbst, die Gewandmystik, die Nacktheit als Folge der Trennung von Leib und Seele, die Vorstellung der eigentlichen Heimat im Jenseits und des Daseins im Leib als Leben in der Fremde weisen auf griechisch-hellenistischen Einfluß hin (vgl. bes. Epict, Diss I 9,12–14).[30] Weil der Apostel den irdischen Leib verlassen möchte, beurteilt Paulus hier die Leiblichkeit mit Hilfe dualistischer Kategorien in einer ungewöhnlich negativen Weise. Die Individualisierung der Eschatologie zeigt sich in dem fast völligen Verzicht auf apokalyptische Vorstellungen in 2 Kor 5,1–10,[31] der Verwendung von auf die individuelle Existenz bezogenen Bildern und der Tatsache, daß Paulus hier im Gegensatz zu 1 Thess 4,13–18; 1 Kor 15,51ff erstmals mit seinem Tod vor der Parusie des Herrn rechnet. Möglicherweise ist die Veränderung der Zukunftserwartungen des Paulus durch die in 2 Kor 1,8–10 erwähnten Ereignisse veranlaßt worden.[32] Damit gibt Paulus die Parusieerwartung nicht auf (vgl. 2 Kor 4,14; 5,10; 6,2; 13,4), aber er setzt neue Akzente: Der Tod vor der Parusie des Herrn erscheint nun als der auch für den Apostel geltende Normalfall, so daß 2 Kor 5,1–10 Zeugnis einer gebrochenen akuten Naherwartung ist.

Die in 2 Kor 5,1–10 sichtbar gewordene Linie läßt sich im Röm[33] weiterverfolgen. Auch hier ist der Tod vor der Parusie nicht mehr die Ausnahme, sondern eher schon die Regel (vgl. Röm 14,7–9; bes. V. 8b: ‚Ob wir nun leben oder sterben, so gehören wir dem Herrn'). Wie in 2 Kor 5,2.4 erhofft Paulus die durch die Erstlingsgabe des Geistes verbürgte Erlösung des Leibes (Röm 8,23) und verbindet diese Zuversicht wie in 2 Kor 5,7 mit dem eschatologischen Vorbehalt (Röm 8,24). Die Parusie des Herrn wird zwar als unmittelbar bevorstehend gedacht (vgl. Röm 13,11f; 16,20), aber der Komparativ in der

---

[30] Weitere Belege bei *H. Windisch,* 2 Kor, 158–175; *H. Lietzmann,* 2 Kor, 117–123; *W. Wiefel,* Hauptrichtung des Wandels, 74–79. Es wäre verfehlt, deshalb von einer ‚Hellenisierung' der paulinischen Eschatologie zu sprechen. Allerdings zeigt 2 Kor 5,1–10 das weite Spektrum der paulinischen Vorstellungswelt auf!

[31] Allenfalls in V. 2b sind Anklänge (ἐξ οὐρανοῦ = ‚vom Himmel') an die Parusie zu erkennen. Dies spricht gegen *V.P. Furnish,* 2 Kor, 297, der 2 Kor 5,1–10 nicht anthropologisch, sondern in einem weiten Sinn (vor allem mit Verweisen auf Röm 8) eschatologisch interpretieren will.

[32] So *H. Windisch,* 2 Kor, 157; *W. Grundmann,* Überlieferung und Eigenaussage, 17f.

[33] Zur Eschatologie des Röm vgl. *G. Storck,* Eschatologie, 117–159.

Wendung ‚denn jetzt ist uns das Heil näher als damals, als wir zum Glauben kamen' (Röm 13,11c) deutet ein Verzögerungsbewußtsein an, bei dem nur das in der Vergangenheit liegende Gläubigwerden einen festen Bezugspunkt darstellt.

4.4. *Phil 1,23; 3,20f*

Nachdrücklich artikuliert sich die in 2 Kor 5,1–10 erstmals sichtbar gewordene, am individuellen Geschick des Apostels orientierte gebrochene akute Naherwartung im Philipperbrief. Zwar bildet auch hier die nahe Parusie des Herrn den Horizont aller Aussagen (Phil 4,5b: ‚Der Herr ist nahe'; vgl. ferner Phil 1,6.10; 2,16; 3,20b), aber Phil 1,23; 3,20f lassen deutlich den Wunsch des Apostels erkennen, zu sterben und unmittelbar in die himmlische Existenz einzugehen.
Die Bedeutung der konkreten historischen Situation für das Denken des Apostels ist in Phil 1,18c–26 unverkennbar. Paulus gerät in Gefangenschaft (Phil 1,6.13f.16) und hat seinen Tod als Märtyrer vor Augen (Phil 1,20; 2,17), zugleich ist er aber um die Gemeinde besorgt (Phil 1,22f).[34] So quält ihn ein tiefer Zwiespalt, denn eigentlich möchte er beim Herrn sein und sterben, gleichzeitig hält ihn aber die Verantwortung für die Gemeinde davon ab. In Phil 1,20 bringt der Apostel zunächst seine Hoffnung zum Ausdruck, daß Christus durch seinen Leib verherrlicht werde, sei es durch Leben oder durch Tod (Phil 1,20). V. 21 nimmt diese Heilsgewißheit auf, indem nun ζωή (Leben) umfassend mit Christus identifiziert wird,[35] so daß der leibliche Tod keinesfalls als Ende des Lebens erscheint, vielmehr als Aufhebung der Trennung zwischen dem Apostel und Christus einem weiteren Verbleiben im Leib vorzuziehen ist.[36] Deshalb das in V. 22 formulierte Dilemma: Einerseits der Wunsch, zu sterben und bei Christus zu sein, andererseits die Möglichkeit, weiterhin fruchtbare Missionsarbeit zu vollbringen. Das Verlangen des Apostels kommt in V. 23 durch die Wendung ἐπιθυμίαν ἔχων (Verlangen haben) und den Zwischenruf πολλῷ γὰρ μᾶλλον κρεῖσσον (denn das wäre um vieles besser) deutlich zum Ausdruck: Er möchte sterben, um damit das

---

[34] Gliederungsvorschläge für VV. 21–24 bei *J. Gnilka*, Phil, 69f; *W. Wiefel*, Hauptrichtung des Wandels, 80.

[35] Formal ist τὸ ζῆν (das Leben) Subjekt, Χριστός Prädikatsnomen; vgl. *Blass–Debrunner–Rehkopf*, § 399,2. Zutreffend bemerkt aber *P. Hoffmann*, Die Toten in Christus, 294: „Sachlich gesehen wird Χριστός zum Subjekt der Aussage: Christus ist mein Leben."

[36] Zum griechischen Hintergrund von V. 21b vgl. die Belege bei *J. Gnilka*, Phil, 71.

‚Mit-Christus-Sein' zu erlangen. Ein geläufiger Euphemismus zur Bezeichnung des Todes ist ἀναλύειν[37] (aufbrechen), das durch σὺν Χριστῷ εἶναι (Mit-Christus-Sein) eine inhaltliche Bestimmung erhält.[38] Paulus erwartet das ‚Mit-Christus-Sein' unmittelbar nach dem Tod, wobei er die erhoffte Christusgemeinschaft nicht näher erläutert, weil σὺν Χριστῷ εἶναι offenbar eine geläufige Umschreibung des neuen Heilsstandes war.[39] Um der Gemeinde willen ist aber das Weiterleben nötig, so daß Paulus seinen eigentlichen Wunsch zurückstellt und weiterhin die Gemeinde in Philippi fördern will (Phil 1,24–26).
Die Ausrichtung des Apostels an der zukünftigen himmlischen Existenz zeigt sich auch in Phil 3,20f. Paulus setzt sich mit sarkisch[40] gesinnten Gegnern auseinander (VV. 17–19) und stellt ihnen die Gesinnung der Gemeinde auf das Himmlische gegenüber. Unter Aufnahme traditionellen Materials[41] spricht er vom πολίτευμα[42] ἐν οὐρανοῖς (Bürgerrecht in den Himmeln), dem der Christ bereits in der Gegenwart angehört, um dann eine Schilderung des Parusiegeschehens anzufügen, die mit dem Kommen des Retters Jesus Christus einsetzt und in der Verwandlung des gegenwärtigen Leibes der Niedrigkeit zu einem dem Christusleib gleichgestalteten Leib der Herrlichkeit und der Unterwerfung des Alls durch Christus ihren Höhepunkt hat. Die Parusie ist hier der Ausgangspunkt des Endgeschehens, weil Paulus die ganze Gemeinde anredet und nicht nur sein individuelles Geschick bedenkt. Dennoch sind auch in Phil 3,20f Züge einer individuellen Eschatologie unverkennbar: Die Parusie erscheint lediglich als Auslöser für die als individuelle (τὸ σῶμα... ἡμῶν = ‚unser Leib') Vollendung gedachte Verwandlung der Lebenden, während über die Auferstehung der Toten und damit das Schicksal der Verstorbenen nichts gesagt wird. Ihre eschatologische Zukunft stellt sich Paulus offenbar wie seine eigene als unmittelbaren Übergang in das Mit-Christus-Sein vor.[43]

---

[37] Vgl. *W. Bauer,* WB, 114 s.v.

[38] Καί (und) ist explikativ aufzufassen; vgl. *P. Hoffmann,* Die Toten in Christus, 289.

[39] Zum Problem eines bei Paulus nicht nachzuweisenden ‚Zwischenzustandes' vgl. *P. Hoffmann,* Die Toten in Christus, 341ff; *G. Storck,* Eschatologie, 180ff.

[40] Vgl. *J. Gnilka,* Phil, 206.

[41] Vgl. dazu einerseits *G. Strecker,* Redaktion und Tradition, 154ff; andererseits *P. Siber,* Mit Christus leben, 122f.

[42] Vgl. zum Sprachgebrauch im klass. Griechentum und im Hellenismus die Belege bei *P. C. Böttger,* Eschatologische Existenz, 245–253.

[43] Möglicherweise weist bei der singulären Formulierung „ob ich gelange zur Auferstehung von den Toten" (εἰς τὴν ἐξανάστασιν τὴν ἐκ νεκρῶν) in Phil 3,11

4.5. *Folgerungen*

H. J. Holtzmann folgert aus seiner Untersuchung der paulinischen Eschatologie, es sei klar, „daß sich in dem Bewußtsein des Apostels eine Bewegung vollzogen hat“[44]. Die vorangegangenen Analysen bestätigen dieses Urteil.

Die Anfrage der Thessalonicher in 1 Thess 4,13 läßt darauf schließen, daß Paulus bei seinem Gründungsaufenthalt in Erwartung der unmittelbar bevorstehenden Parusie des Herrn von einer Auferstehung der toten Christen nicht sprach, sondern die baldige Entrückung aller Christen erhoffte. Die paulinische Antwort in 1 Thess 4,14–18 trägt der durch den Tod einiger Christen vor der Parusie veränderten geschichtlichen Situation Rechnung, indem nun die Auferstehung der Toten als Hilfsvorstellung zur Wahrung der Gleichstellung von Toten und Lebenden eingeführt wird, gleichzeitig aber die Entrückung die zentrale eschatologische Vorstellung bleibt. Anders als in Thessalonich ist in Korinth der Tod vor der Parusie schon der Regelfall, was Paulus in 1 Kor 15,51 ff zur Betonung der Gleichheit aller bei der Parusie und der Aufnahme des Verwandlungsmotives zur Beschreibung des Überganges in die postmortale Existenz veranlaßt. Hatte Paulus in 1 Thess 4,13–18 und 1 Kor 15,51 ff seine Stellung im Endgeschehen als noch Lebender sehr genau durch das Personalpronomen ἡμεῖς = ‚wir‘ (1 Thess 4,17; 1 Kor 15,52) angegeben, so rechnet er in 2 Kor 5,1–10 erstmals mit seinem Tod vor der Parusie. Diese einschneidende Veränderung der Situation des Apostels spiegelt sich in einem Zurücktreten der apokalyptischen Elemente bei der Schilderung der Endereignisse und damit verbunden der Aufnahme hellenistischer Begrifflichkeit und der Tendenz zum Dualismus und zur Individualisierung wider. Insbesondere Phil 1,23 bestätigt diese Linie,[45] denn hier ersehnt der Apostel seinen Tod vor der Parusie, weil dadurch das Mit-Christus-Sein ermöglicht wird. Allein in dem σὺν κυρίῳ/Χριστῷ εἶναι = ‚Mit-dem-Herrn-Sein/Mit-Christus-Sein‘ (1 Thess 4,17/Phil 1,23) liegt die Konstante der paulinischen Eschatologie.

Wie sind diese Wandlungen in der Schilderung der Endereignisse und der Stellung der daran Beteiligten zu beurteilen? Man wird dem Apostel

das doppelte ἐκ (aus, von) auf eine vorzeitige Auferstehung unmittelbar nach dem Tod hin; vgl. *C.H. Hunzinger,* Hoffnung angesichts des Todes, 87.

[44] *H. J. Holtzmann,* Theologie II, 216.

[45] Deshalb ist Phil 1,23 keineswegs eine „Gelegenheitsformulierung“ (so *P. Siber,* Mit Christus leben, 91), sondern Zielpunkt einer folgerichtigen Entwicklung.

einerseits eine gewisse Unausgeglichenheit der Argumentation und Disparatheit des Materials zugestehen müssen, andererseits zeigen sich in den Texten folgerichtige Veränderungen. Solange Paulus fest damit rechnete, bei der Parusie des Herrn noch zu leben, erfolgt die Schilderung der Endereignisse in einem breit angelegten apokalyptischen Szenarium. Das dann für möglich gehaltene Sterben vor der Parusie führt zu am individuellen Geschick des Apostels orientierten eschatologischen Aussagen. Diese Veränderung ist sachgemäß, denn die sich einstellende Erfahrung der Zeitlichkeit und Endlichkeit christlicher Existenz zwang Paulus, das Schicksal der vor der Parusie verstorbenen Christen und schließlich auch sein eigenes Schicksal mitzubedenken. Der Ausarbeitung einer an der Person des Apostels ausgerichteten individuellen Eschatologie kommt dabei exemplarische Bedeutung zu, wird doch der Tod vor der Parusie immer mehr zum Regelfall, obwohl Paulus bis zum Ende an einer akuten Naherwartung festhält.

Es dürfte deutlich geworden sein, daß in zentralen Bereichen der paulinischen Eschatologie von einer Entwicklung, d.h. von einem der sich ändernden historischen Situation entsprechenden folgerichtigen Fortschreiten des Denkens des Apostels Paulus gesprochen werden kann. Wohl bleibt die akute Naherwartung der Horizont, die Dialektik von Schon jetzt und Noch nicht das leitende Denkprinzip und das gegenwärtige wie zukünftige Christusgeschehen die Grundlage paulinischer Eschatologie, aber die Stellung des einzelnen und der Ablauf des Endgeschehens ändern sich angesichts der sich einstellenden Dehnung der Zeit. Das Festhalten an der Parusieerwartung ist kein Argument gegen die These von Wandlungen in zentralen Bereichen der paulinischen Eschatologie, denn die Erfahrung der Parusieverzögerung ist nicht identisch mit der Aufgabe der Parusievorstellung![46] Paulus hielt selbstverständlich an dem unmittelbar bevorstehenden Kommen des Herrn fest, zugleich nahm er aber sachgerechte Veränderungen innerhalb seiner eschatologischen Aussagen vor.

[46] Gegen *P. Stuhlmacher*, Gerechtigkeit Gottes, 203 A 2; *P. Hoffmann*, Die Toten in Christus, 327f; *P. Siber*, Mit Christus leben, 92; *G. Barth*, Phil, 34; *F. Lang*, Briefe an die Korinther, 292, die mit dem Hinweis auf die sich bei Paulus durchhaltende Naherwartung eine Entwicklung der paulinischen Eschatologie bestreiten.

5. Das Gesetz

Ein reflektiertes Gesetzesverständnis und eine Rechtfertigungslehre im Sinne des Gal und Röm lassen sich im 1 Thess nicht nachweisen, so daß Paulus entweder über beides noch nicht verfügte oder es kein Problem im Umgang mit den Thessalonichern darstellte. Eine Beantwortung dieser Alternative hängt wesentlich vom Gesetzesverständnis der auf den 1 Thess folgenden Korintherbriefe ab.

5.1. Nomos in den Korintherbriefen

Νόμος (Gesetz) ist im 2 Kor nicht belegt, im 1 Kor an vier Stellen achtmal (1 Kor 14,34 ist eine Glosse). In 1 Kor 9,8.9; 14,21 dient νόμος als Einleitungsbegriff für ein alttestamentliches Zitat, ist also unproblematisch Bezeichnung des alttestamentlichen Gesetzes, bzw. des gesamten Alten Testaments.

In 1 Kor 9,9 zitiert Paulus im Rahmen der Apologie seines Apostolats eine ursprüngliche Tierschutzbestimmung aus Dtn 25,4.[1] Mit der Formel ,im Gesetz steht geschrieben' führt der Apostel in 1 Kor 14,21 ein Zitat aus Jes 28,11f ein (also keinen Gesetzestext!), das weder mit dem hebräischen noch dem LXX-Text übereinstimmt.[2]

Eine erste Auskunft über das paulinische Gesetzesverständnis in den Korintherbriefen gibt 1 Kor 9,20–22. In diesem kunstvoll aufgebauten Abschnitt[3] beschreibt Paulus seine Freiheit als Evangeliumsverkündiger paradox als Dienen, das sich bei den Juden als ein Sein unter dem Gesetz realisiert, obwohl er selbst nicht unter dem Gesetz steht (V. 20d). Paulus hält den Juden gegenüber die Vorschriften des Gesetzes ein, um ihnen keinen unnötigen Anstoß zu geben und sie so für das Evangelium zu gewinnen.[4] Paulus lehnt wohl das Gesetz als Heilsweg ab, kann aber

---

[1] Vgl. dazu *D. A. Koch*, Die Schrift als Zeuge, 142 A 20.203f.

[2] Zu den Einzelheiten *D. A. Koch*, aaO., 63–66.

[3] Vgl. zum Aufbau *J. Weiß*, 1 Kor, 243.

[4] In die paulinischen Gemeinden wurden zweifellos Juden aufgenommen, und insofern wurde Judenmission betrieben. Die Kompetenzverteilung auf der Jerusalemer Versammlung (Gal 2,9) kann für Paulus nicht den Verzicht auf Judenmission in seinen Gemeinden bedeutet haben.

dennoch um der Verkündigung willen dessen Vorschriften einhalten. Ebenso kann er den Gesetzeslosen ein Gesetzloser sein, obwohl er vor Gott kein Gesetzloser ist, sondern im Gesetz Christi lebt. Damit ist er keineswegs ungebunden, denn Christus ist seine Norm (vgl. Gal 6,2; Röm 8,2), und gerade dies bedeutet paradox Freiheit als Bindung. Grundsätzliche Aussagen über die theologische Relevanz des Gesetzes finden sich in 1 Kor 9,20–22 nicht, vielmehr wird die paradoxe Gestalt der missionarischen Existenz des Apostels am Beispiel des Gesetzes dargestellt. Das theologisch reflektierte und begrifflich akzentuierte Gesetzesverständnis des Gal liegt hier noch nicht vor. Dieses deutet sich vielmehr in 1 Kor 15,56 erst an. An die mit einem Mischzitat[5] aus Jes 25,8 und Hos 13,14 endende eschatologische Belehrung 1 Kor 15,51–55 schließt sich als exegetische Erläuterung V. 56 an. Die Stichworte κέντρον (Stachel) und θάνατος (Tod) werden aus V. 55 aufgenommen, überraschend hingegen erscheint ἁμαρτία = ‚Sünde' (doch vgl. VV. 3.7) und gänzlich unvorbereitet νόμος. Der Stachel des Todes ist die Sünde, die Kraft der Sünde aber ist das Gesetz. Als direkte Parallele bietet sich Röm 7,7ff (bes. V. 25) an, und dies hat mit der offensichtlichen Deplaziertheit des Verses im Kontext immer wieder zu der Vermutung geführt, V. 56 sei eine nachpaulinische Glosse.[6] Zwingend ist dies jedoch nicht, vielmehr handelt es sich in V. 56 um einen kleinen Exkurs,[7] in dem schlaglichtartig auftaucht, was im Röm explizit behandelt wird: das Verhältnis Sünde – Gesetz – Tod.
Über das rein begriffliche Vorkommen von νόμος hinaus sind auch die Texte zu untersuchen, in denen Paulus thematisch auf das Gesetz zu sprechen kommt. In 1 Kor 7,19 begründet der Apostel seine Weisungen an Verheiratete und Sklaven, jeweils in ihrem Stand zu bleiben, mit der Feststellung: ‚Die Beschneidung ist nichts, und die Vorhaut ist nichts, sondern das Halten der Gebote Gottes' (ἀλλὰ τήρησις ἐντολῶν θεοῦ). Insbesondere der Vergleich mit Sir 32,23 (LXX); Weish 6,18 zeigt,[8] daß Paulus auf verbreitete jüdisch-hellenistische Anschauungen zurückgreift, wobei paränetisches Interesse vorherrscht, denn die Argumentation zielt auf den ethischen Wandel des Getauften (vgl. die Varianten Gal 5,6; 6,15; ferner 1 Kor 12,13; Gal 3,28). Ein Vergleich mit den späteren Aussagen des Gal und Röm verdeutlicht, wie weit 1 Kor 7,19 von einem begrifflich akzentuierten Gesetzesverständnis und jeder Art von ‚Rechtfertigungslehre' entfernt ist.

---

[5] Zu den Einzelheiten vgl. *D. A. Koch,* Die Schrift als Zeuge, 168–170.
[6] Vgl. *J. Weiß,* 1 Kor, 380.
[7] Vgl. *H. Lietzmann,* 1 Kor, 88.
[8] Weitere vergleichbare Texte bietet *J. Weiß,* 1 Kor, 186.

In 2 Kor 3,4–18 entfaltet Paulus sein Verständnis des apostolischen Dienstes. Er ist allein qualifiziert durch den Geist, nicht durch den Buchstaben. Die Verkündigung des Evangeliums wird damit dem Sinaigesetz diametral entgegengesetzt. Paulus ist Diener des neuen Bundes, dessen Kennzeichen allein der Geist ist. Die Antithese τὸ γὰρ γράμμα ἀποκτένvει, τὸ δὲ πνεῦμα ζῳοποιεῖ (Der Buchstabe tötet, der Geist aber macht lebendig) in V. 6b führt Paulus in zwei Gedankengängen (VV. 7–11.12–18) aus.[9] Zunächst argumentiert der Apostel mit der größeren Fülle der Herrlichkeit, die dem apostolischen Amt im Gegensatz zur vergänglichen Herrlichkeit des Mose zu eigen ist. In V. 13 erhebt Paulus dann den graduellen Gegensatz zu einem absoluten: Die Decke auf dem Angesicht des Mose dient allein dazu, den Israeliten bis heute den vergangenen Glanz des alten Bundes zu verbergen. Allein in Christus kann diese Decke abgetan werden und ist ein rechtes Verständnis des Alten Testaments möglich (V. 14). Israel muß sich also bekehren, um zur Erkenntnis seiner selbst zu kommen (V. 16).[10] Weil der Herr seit seiner Auferstehung (vgl. neben V. 17 bes. 1 Kor 15,45) Geist ist, qualifiziert das lebenspendende und befreiende πνεῦμα den Dienst des Apostels und ermöglicht die Teilhabe des Christen an der gegenwärtigen und zukünftigen Herrlichkeit des Herrn.
Die 2 Kor 3,4–18 bestimmende Antithese ‚Buchstabe – Geist‘[11] führt zu einer Aufhebung der Heilsbedeutung des Sinaibundes und der Behauptung, allein von Jesus Christus her erschließe sich das Alte Testament. Die für die Rechtfertigungslehre des Gal und Röm konstitutive Verbindung zwischen Rechtfertigung des Sünders allein aus Glauben und Gesetzesfreiheit findet sich hier aber nicht, so daß diese späteren Vorstellungen auch nicht eingetragen werden dürfen. Zudem muß bedacht werden, daß Paulus in 2 Kor 3 nicht in erster Linie auf innergemeindliche Probleme eingeht, sondern im Gegenüber zur Synagoge schreibt.[12]
Der Gebrauch von δικαιοσύνη (Gerechtigkeit), δικαιωθῆναι (gerechtfertigt werden) und δικαιοῦν (rechtfertigen) bestätigt, daß in den Korintherbriefen noch kein reflektiertes Gesetzesverständnis im Sinn des Gal und Röm vorliegt. In der vorpaulinischen Tauftraditon 1 Kor 6,11[13]

---

[9] Zur ausführlichen Exegese vgl. *E. Grässer,* Der Alte Bund im Neuen, 85ff.
[10] Vgl. *F. Lang,* Briefe an die Korinther, 275; *E. Grässer,* Der Alte Bund im Neuen, 92.
[11] Vgl. Röm 2,29; 7,6; zur Herkunft dieser Gegenüberstellung vgl. *H. Windisch,* 2 Kor, 110f.
[12] Vgl. *U. Wilckens,* Entwicklung, 163.
[13] Vgl. zur Analyse *U. Schnelle,* Gerechtigkeit und Christusgegenwart, 37–44.

bezeichnet δικαιωθῆναι einen einmaligen Akt in der Vergangenheit und ist im Sinn von ‚Gerechtmachung' zu verstehen. Diese Gerechtmachung hat effektiven Sinn, der Getaufte ist durch die Taufe gerecht, seine Sünden sind getilgt. Auch δικαιοσύνη in der vorpaulinischen Tauftradition 1 Kor 1,30[14] weist keinen Bezug zum Gesetz und zum Glauben auf, sondern meint die in der Taufe erlangte und die Gemeinde auszeichnende Gerechtigkeit, die ihren Grund in Jesus Christus hat.
In 2 Kor 5,21[15] erscheint bei Paulus zum ersten Mal die seltene Wendung δικαιοσύνη θεοῦ (Gerechtigkeit Gottes). V. 21 ist antithetisch aufgebaut und hat seine soteriologische Spitze in der ontologischen Aussage γενώμεθα δικαιοσύνη θεοῦ ἐν αὐτῷ (wir sind geworden Gerechtigkeit Gottes in ihm). Der Rahmung γενώμεθα ... ἐν αὐτῷ kommt für das Verständnis von δικαιοσύνη θεοῦ an dieser Stelle entscheidende Bedeutung zu, denn das Ziel der Gerechtigkeit Gottes liegt im Gerechtsein des Getauften in Christus. Durch die Taufe wird in Jesus Christus eine neue Realität geschaffen (vgl. 2 Kor 5,17), deren Kennzeichen Gerechtigkeit ist. Im stellvertretenden Tod Jesu manifestiert sich die in der Taufe erfahrbare und zugeeignete Gerechtigkeit Gottes. Diese Vorstellung darf nicht einfach gleichgesetzt werden mit dem Gebrauch von δικαιοσύνη θεοῦ im Röm, denn über das Verhältnis der Gerechtigkeit Gottes zum Gesetz bzw. zum Glauben wird nicht reflektiert.[16]

Das Verbum δικαιοῦν erscheint außer in 1 Kor 6,11 noch in 1 Kor 4,4. Dort meint es das Gerechtsein im Gericht und zeigt keinerlei Nähe zur Rechtfertigungslehre des Gal und Röm. Das Adverb δικαίως in 1 Kor 15,34 ist mit ‚rechtschaffen' im sittlichen Sinn zu übersetzen. Von einer διακονία δικαιοσύνης (Dienst der Gerechtigkeit) spricht Paulus in 2 Kor 3,9. Sie ist vom todbringenden Dienst des alten Bundes unendlich geschieden und überragt ihn mit ihrer Doxa bei weitem. Gerechtigkeit qualifiziert somit den Dienst des Apostels. Eine Affinität zur Gerechtigkeit Gottes aus Glauben läßt sich nicht erkennen.
In 2 Kor 6,7.14 ist δικαιοσύνη ethisch im Sinn von Rechtschaffenheit zu verstehen. Im Rahmen der Sammlung für die Heiligen in Jerusalem erscheint δικαιοσύνη in 2 Kor 9,9.10. V. 9 ist ein Zitat aus Ps 111,9ab LXX, wobei δικαιοσύνη αὐτοῦ als gen. subj. die Gott eigene Gerechtigkeit meint, die sich in der Hilfe für die Armen erweist. In Korinth zeigt sie sich darin, daß Gott den Korinthern die Möglichkeit zum guten Werk gibt (V. 8). In V. 10 bezeichnet δικαιοσύνη das gerechte Tun der Korinther, das in der Kollektengabe besteht und dessen Früchte Gott mehren wird. Nicht ‚Gerechtigkeit von Gott' ist

---

[14] Vgl. dazu aaO., 44–46.
[15] Vgl. aaO., 47–50.
[16] Vgl. *H. Hübner*, Gesetz bei Paulus, 105.

gemeint, sondern Rechtschaffenheit im ethischen Sinn.[17] Die Wendung ‚wie Diener der Gerechtigkeit' für die falschen Apostel in 2 Kor 11,15 geht auf 2 Kor 3,9 zurück.

Ein wirklich reflektiertes Gesetzesverständnis liegt in den Korintherbriefen noch nicht vor. Vielmehr deutet sich in 1 Kor 9,20–22; 15,56 erst an, was im Gal und Röm unter charakteristischen Abweichungen breit entfaltet wird. Die Korintherbriefe enthalten weder einen gesetzeskritischen, an den Glauben gebundenen Gerechtigkeitsbegriff noch ein reflektiertes Gesetzesverständnis, so daß von einer Rechtfertigungslehre im Sinne des Gal und Röm in den Korintherbriefen nicht gesprochen werden kann. Dieser exegetische Befund wird auch nicht durch das Argument entkräftet, die Korintherbriefe würden die Rechtfertigungslehre des Gal und Röm sachlich voraussetzen, obwohl sie de facto in ihnen nicht erscheint.[18] Wohl kommen νόμος, δικαιοσύνη (θεοῦ), δικαιοῦν in den Korintherbriefen vor, allerdings in einer ganz anderen Weise als im Gal und Röm. Sollte Paulus sein im Gal entwickeltes Gesetzes- und Gerechtigkeitsverständnis für so unwichtig gehalten haben, daß er darauf in den Korintherbriefen verzichten konnte? Ist es vorstellbar, daß eine gerade erst entwikkelte präzise Vorstellung gewissermaßen in der Versenkung verschwindet, um bald darauf mit Vehemenz wieder aufzutauchen? Wäre doch die Rechtfertigungslehre des Gal und Röm für Paulus ein geeignetes Instrument gewesen, um dem Vollendungsbewußtsein der korinthischen Enthusiasten theologisch den Boden zu entziehen! Weil bei Paulus Sache und Terminologie nicht einfach austauschbar sind und die Rechtfertigungslehre des Gal und Röm in einer sehr präzisen Begrifflichkeit vorgetragen wird, ergibt sich als Schlußfolgerung, daß die Korintherbriefe das Gesetzesverständnis und die Rechtfertigungslehre des Gal und Röm weder enthalten noch voraussetzen.
Die bisherigen Exegesen haben gezeigt, daß die Berufung und Beauftragung Pauli bei Damaskus nicht unter der Alternative Christus – Gesetz interpretiert werden darf und der 1 Thess, 1/2 Kor das Gesetzesverständ-

[17] Vgl. *H. Windisch,* 2 Kor, 278f.
[18] Gegen *E. Lohse,* Grundriß, 87; *P. Stuhlmacher,* Das Gesetz als Thema biblischer Theologie, 156; *A. Lindemann,* Toragebote, 245f, u.a., die meinen, die Korintherbriefe setzten die Rechtfertigungslehre des Gal und Röm sachlich voraus. Wohl abwägend hingegen *U. Wilckens,* Entwicklung, 163, der 2 Kor 3; 1 Kor 9,20f; 15,56 aus sich selbst verstehen will und zu Recht betont: „Es handelt sich gleichsam um ein kurzes Aufblitzen von Zusammenhängen, die als solche eigens zu durchdenken noch nicht notwendig war."

nis des Gal und Röm noch nicht kennen. Offenbar bedurfte es des äußeren Anstoßes der galatischen Ereignisse, um zur Formulierung einer reflektierten und begrifflich akzentuierten Rechtfertigungslehre zu kommen.

5.2. Das Gesetzesverständnis des Gal

In Galatien steht für Paulus sein von Christus geoffenbartes Evangelium auf dem Spiel (1,6ff; 1,11ff), das fremde judenchristliche Missionare durch die Forderung nach Einhaltung kultischer Zeiten (4,3.9f) und der Beschneidung (5,3.11f; 6,12.13) in sein Gegenteil verkehren wollen.[19] Paulus begegnet dieser Gefährdung seiner Gemeinde zunächst mit der Behauptung, das von ihm verkündigte Evangelium habe er nicht von Menschen, sondern durch eine Offenbarung Jesu Christi empfangen (1,11.12). Offenbar diffamieren die judenchristlichen Gegner das gesetzesfreie paulinische Evangelium mit dem Vorwurf, es stimme nicht mit dem im Gesetz geoffenbarten Heilswillen Gottes überein und es sei zudem von menschlicher Art, da Paulus kein Begleiter des irdischen Jesus war und ihm die Legitimation für seine Verkündigung fehle. Zudem konnten die Judaisten auf die Praxis anderer Apostel (z. B. Petrus) verweisen, die am Gesetz festhielten und durch ihre Vergangenheit besonders legitimiert waren.
Paulus versucht diese Vorwürfe zunächst mit einer autobiographischen (1,13–24) und einer ‚kirchengeschichtlichen' (2,1–14) Argumentation zu entkräften. Er empfing sein Evangelium direkt durch eine Offenbarung Gottes und erhielt den Auftrag, Jesus Christus unter den Heiden zu verkünden (1,16a). Diese Offenbarung bedurfte keiner Sanktionierung durch Menschen, auch nicht durch die Jerusalemer Urapostel, sondern Paulus begann sofort mit seiner Verkündigung in Arabien (1,16b.17). Im Anschluß an einen erneuten Aufenthalt in Damaskus ging er nach drei Jahren[20] nach Jerusalem, wo er von den anderen Aposteln nur Kephas und Jakobus kennenlernte (1,18f). Paulus lag also nichts an einer baldigen Zusammenkunft und Belehrung durch die anderen Apostel, so daß neben

[19] Vgl. zur Situation der galatischen Gemeinde *U. Borse,* Gal, 17–24. Der für die Gegner anzunehmende Zusammenhang zwischen Beschneidung, Gestirnordnung und Kalenderobservanz ist genuin jüdisch; vgl. *D. Lührmann,* Tage, Monate, Jahreszeiten, Jahre (Gal 4,10), 428ff.
[20] Vgl. dazu *U. Borse,* aaO., 65.

der göttlichen Offenbarung von Anfang an sein Verhalten die Unabhängigkeit seines Evangeliums bestätigte. Auch die Vereinbarungen auf der Jerusalemer Heidenmissionssynode (Gal 2,1–10) und die Auseinandersetzung mit Petrus in Antiochia (Gal 2,11–14) zeugen von der Eigenständigkeit der paulinischen Evangeliumsverkündigung. Während Paulus die damaligen Führer der Jerusalemer Urgemeinde vom göttlichen Ursprung seines Evangeliums überzeugen konnte, das auf die Beschneidung der Heiden verzichtet (Gal 2,7–9), waren es allein die falschen Apostel, welche die Freiheit in Christus Jesus zu unterdrücken suchten (Gal 2,4). Das Ergebnis der Heidenmissionssynode nennt Gal 2,9b: ἡμεῖς εἰς τὰ ἔθνη, αὐτοὶ δὲ εἰς τὴν περιτομήν (wir zu den Heiden, sie aber zur Beschneidung).[21] Zwar erkannte diese Regelung die Gleichwertigkeit der beiden Missionsarten grundsätzlich an, aber die Probleme im Umgang zwischen Heiden- und Judenchristen waren damit nicht gelöst, was der auf die Jerusalemer Zusammenkunft folgende Zwischenfall in Antiochia belegt (Gal 2,11–14). Petrus zwingt durch sein heuchlerisches Verhalten de facto die Heidenchristen zur jüdischen Lebensweise, wenn diese nicht die Kirchengemeinschaft auflösen wollen. Paulus tritt dieser Verkehrung der Wahrheit des Evangeliums öffentlich entgegen und dokumentiert durch dieses Verhalten noch einmal die Unabhängigkeit und Richtigkeit seiner Evangeliumsverkündigung.

Nach dieser breit angelegten biographischen und kirchengeschichtlichen Legitimation seiner Verkündigung geht Paulus mit Gal 2,15 zur grundsätzlichen Erörterung der Heilsbedeutung des Gesetzes über. Warum aber diese prinzipiellen Überlegungen zum Gesetz, wenn sowohl auf der Heidenmissionssynode als auch in Galatien nur die Beschneidung im Zentrum der Auseinandersetzungen stand? Paulus versteht die Beschneidung und auch die Einhaltung kultischer Zeiten als pars pro toto legis, beides verpflichtet seiner Meinung nach zur vollständigen Toraobödienz.[22] Zeigte schon der antiochenische Zwischenfall mit dem Auftreten der Jakobusleute, daß die Heidenmissionssynode nur eine sehr vorläufige Regelung brachte, so trat mit der offenbar erfolgreichen Missionstätigkeit der Judaisten in Galatien für Paulus eine neue Situation ein. Die Beschneidungsforderung auch für Heidenchristen stellte sowohl das paulinische Evangelium als auch die paulinische Missionspraxis in Frage, so daß Paulus auf diese Herausforderung theologisch antworten mußte. Er tat dies mit der im Gal erstmals entfalteten Rechtfertigungslehre!

---

[21] Zum Verständnis der Wendung vgl. *K. M. Fischer,* Urchristentum, 95.
[22] Vgl. *H. Hübner,* Gesetz bei Paulus, 22f.

Im 1 Kor mußte sich Paulus nicht mit Judaisten, sondern mit urchristlichen Pneumaenthusiasten auseinandersetzen. 1 Kor 2,6; 4,8; 5,2; 6,12; 10,1 ff.23; 15,12.46 lassen deutlich erkennen, daß die Korinther sich aufgrund der Geistesgabe bereits im Heilsstand der Vollendung wähnten.[23] Die im 2 Kor erwähnten Gegner legten zwar Wert auf ihre jüdische Herkunft (2 Kor 11,22), aber auch für sie war der sich in Zeichen und Wundern artikulierende Geistbesitz entscheidendes Kriterium ihrer Glaubwürdigkeit (2 Kor 12,12). Sie gaben sich als wahre Apostel und Diener Jesu Christi aus (2 Kor 11,5.13; 12,11), bekämpften das paulinische Apostolat mit Empfehlungsbriefen (2 Kor 10,12.18), warfen Paulus Unaufrichtigkeit (2 Kor 1,12ff: Änderung der Reisepläne) und Habgier vor (2 Kor 12,14: Bereicherung durch die Kollekte) und lehrten ein anderes Evangelium als er (2 Kor 11,4). An keiner Stelle erwähnt Paulus aber, sie hätten auch die Beschneidung gefordert. Da Paulus auf alle Aktivitäten und Vorwürfe der Gegner eingeht, hätte er die Beschneidung sicher genannt, wäre sie propagiert worden. Deshalb kann man die Gegner des 2 Kor nicht im gleichen Sinn als Judaisten bezeichnen wie die Gegner des Gal.[24] Die Beschneidung und damit aus paulinischer Sicht die Gesetzesfrage ist im 2 Kor nachweisbar noch nicht Gegenstand der Auseinandersetzungen.

Die Kernthese seiner Rechtfertigungslehre formuliert Paulus erstmals in Gal 2,16, wobei er von einer anthropologischen Prämisse ausgeht: Kein Mensch wird aus Werken des Gesetzes gerecht (Gal 2,16d), denn der Mensch kann nicht das Gesetz in allen Bestimmungen befolgen (vgl. demgegenüber Phil 3,6b), so daß er durch sein Zurückbleiben hinter den Forderungen des Gesetzes unter dessen Fluch gerät (Gal 3,10–12).[25] Die Erfüllung der Gesetzesbestimmungen betrachtet Paulus unter einem rein qualitativen Aspekt, jede einzelne Übertretung hat die völlige Ungerechtigkeit des Menschen zur Folge, es gibt keine quantitativen Abstufungen, sondern nur Erfüllung oder Nichterfüllung des Gesetzes (Gal 5,3).[26] Geht Paulus bei dieser Interpretation von der menschlichen Erfahrung des Scheiterns am Gesetz aus, so findet sich die eigentliche Begründung in Gal 3,22: συνέκλεισεν ἡ γραφὴ τὰ πάντα ὑπὸ ἁμαρτίαν (die Schrift hat alles unter die Sünde eingeschlossen). Die Macht der Sünde bewirkt letztlich, daß das Gesetz seine Qualität als Heilsweg verliert.[27] In Gal 2,17.18

[23] Vgl. *H. v. Soden*, Sakrament und Ethik bei Paulus, 361; *K.M. Fischer*, Urchristentum, 110–113; *F. Lang*, Briefe an die Korinther, 5f.

[24] Vgl. *H. Windisch*, 2 Kor, 26; *V. P. Furnish*, 2 Kor, 53: „The kind of polemic against Judaizers one finds in Gal is absent from 2 Cor...“; *F. Lang*, Briefe an die Korinther, 357–359. Gegen *G. Lüdemann*, Paulus II, 162f.

[25] Vgl. *H. Hübner*, Gesetz bei Paulus, 19f.

[26] Indem Paulus das Gesetz ausschließlich quantitativ faßt, wird es zu einer (negativen) qualitativen Größe.

[27] Vgl. *H. Hübner*, Gesetz bei Paulus, 20.

wertet Paulus das Verhalten des Kephas in Antiochia als Beleg für seine These, denn dieser hat durch seine Teilnahme am Mahl mit Heiden die Heilsnotwendigkeit des Gesetzes verneint. In V. 19 wechselt der Apostel auf eine neue Argumentationsebene: Die faktische Unheilswirkung des Gesetzes entmächtigt das Gesetz. Das Gesetz hat selbst Anteil am Tod Jesu, insofern es diesen Tod in seiner Bedeutung herausstellt (Gal 3,13; 4,4).[28] Dadurch hebt sich das Gesetz selbst auf, es hat keine Macht mehr über Christus und die, die Christi Tod mitgestorben sind. Der Heils- und Erkenntnisgrund dieses Geschehens für den Christen ist das Χριστῷ συνεσταύρωμαι (ich bin mit Christus gekreuzigt), dessen Folge ein Leben für Gott ist. Durch das ‚Mitgekreuzigtwerden mit Christus', das sich in der Taufe vollzieht (vgl. Röm 6,6.8),[29] bereitet Paulus die folgenden Gedanken vor.

Die Gemeinschaft zwischen Christus und dem Täufling ist so eng, daß der Täufling nicht nur Anteil am Kreuzestod Jesu hat, sondern der auferstandene Christus selbst in ihm lebt, ihn bestimmt und ausfüllt. Diese Gedanken setzen die Vorstellung der pneumatischen Seinsweise des auferstandenen Herrn voraus, der als Pneuma und im Pneuma wirkt (vgl. 1 Kor 15,45b; 2 Kor 3,17; Röm 1,3b–4a).[30] Durch die Taufe befindet sich der Christ im Raum des pneumatischen Christus, gilt das εἶναι ἐν Χριστῷ Ἰησοῦ = ‚Sein in Christus Jesus' (Gal 3,26.28; 1 Kor 1,30). Paulus behaftet die Galater bei ihrem durch Taufe und Geistverleihung vollzogenen Seinswandel, um die Kernthese seiner neuen Rechtfertigungslehre abzusichern. Gal 3,1–5 explizieren nachdrücklich diesen Zusammenhang: Durch die Predigt des Glaubens und nicht aus Gesetzeswerken haben die Galater den Geist empfangen. An diese Erfahrung appelliert Paulus, um den Galatern die Widersinnigkeit (ἀνόητος VV. 1.3) ihres Tuns vor Augen zu stellen. Im Geist sind sie Söhne Gottes und somit die wahren Erben (Gal 4,6f; 3,26), im Geist erwarten sie das Hoffnungsgut der Gerechtigkeit (5,5), und weil sie im Geist leben, wandeln sie auch im Geist (5,25), vollbringen Früchte des Geistes (5,22), so daß schließlich gilt: εἰ δὲ πνεύματι ἄγεσθε, οὐκ ἐστὲ ὑπὸ νόμον (5,18: ‚Wenn ihr euch vom Geist leiten laßt, seid ihr nicht unter dem Gesetz'). Die Galater sind πνευματικοί = ‚Geistbegabte' (6,1) und als solche dem Fleisch nicht mehr unterworfen (6,8), sie sind καινὴ κτίσις = ‚neue Schöpfung', so

[28] Zu Gal 3,13 vgl. 4QpNah I 6–8; 11Q Tempelrolle 64,6ff; zur Interpretation dieser Texte vgl. *H.-W. Kuhn*, Jesus als Gekreuzigter, 33–35.

[29] Vgl. *F. Mussner*, Gal, 180f; *U. Schnelle*, Gerechtigkeit und Christusgegenwart, 54–56.

[30] Vgl. *U. Schnelle*, aaO., 126ff.

daß weder Beschnitten- noch Unbeschnittensein eine Bedeutung zukommt (6,15). In ihnen gewinnt Jesus Gestalt (4,19), sie haben Christus angezogen (3,27), und sie sind schließlich in Christus allen ethnischen, religiösen und sozialen Unterscheidungen enthoben (3,28). All dies bedeutet Berufung zur Freiheit, die sich in der Liebe realisiert (5,13), Befreiung von jeglicher Knechtschaft (5,1). Die Praktizierung der Beschneidung und die Einhaltung kultischer Zeiten als pars pro toto legis würden all dies wieder rückgängig machen. Aus Freiheit würde wieder Knechtschaft werden, aus dem Wandel nach dem Geist wieder ein Wandel nach dem Fleisch. Somit sind Beschneidung und Kalenderobservanz in zweierlei Hinsicht unsinnig: 1. Sie entsprechen in keiner Weise dem, was die Galater als πνευματικοί schon sind. 2. Sie machen die durch Geistbesitz und Freiheit gekennzeichnete Existenz der Galater zunichte. Alle Äußerungen des Paulus im Gal über das Gesetz und die Gerechtigkeit aus Glauben sind auf dem Hintergrund der in der Taufe begründeten, durch den Geist und die Freiheit bestimmten christlichen Existenz der Galater zu sehen (zum Zusammenhang Taufe – Geist vgl. nur Gal 2,19.20 mit 3,2–5 und 3,26–28 mit 4,6f). Um Entsprechung oder Verfehlung dieser Existenz geht es, und die Aussagen über das Gesetz und die Gerechtigkeit sind in eine zuallererst situationsbedingte Argumentation eingebunden, deren Ziel darin liegt, den Galatern die Unsinnigkeit ihres Verhaltens angesichts ihres erreichten Standes klarzumachen.

Bildet die Geisterfahrung der Galater den eigentlichen Horizont der Argumentation des Apostels, so bedient er sich im einzelnen einer vielschichtigen Beweisführung. Zunächst versucht Paulus an der Gestalt Abrahams die Schriftgemäßheit seiner antinomistischen Rechtfertigungslehre zu erweisen. Nicht das Gesetz des Mose nur für die Beschnittenen, sondern allein die Verheißung Gottes an Abraham für alle Völker ermöglicht das Heil (Gal 3,6ff). Durch seinen Glauben und durch die an ihn ergangenen Verheißungen dient Abraham dem Apostel gleichermaßen als Vorabbildung und Begründung des Christusgeschehens wie auch der Existenz der glaubenden Gemeinde. Allein in Christus sind die Verheißungen Abrahams in Erfüllung gegangen (Gal 3,16), und durch den Glauben an Jesus Christus empfing die Gemeinde die Heilsgabe des Geistes (Gal 3,14), so daß nun die Christen die wahren Erben der Verheißung sind (Gal 3,7.29). Allein schon der zeitliche Abstand von 430 Jahren zwischen Abrahamverheißung und Gesetz erweist die sachliche Priorität der Verheißung.

Die nun sich aufdrängende Frage nach der Funktion des Gesetzes beantwortet Paulus erstmals in Gal 3,19, wo er betont, es sei lediglich um der

Übertretungen willen hinzugefügt worden. Dem Gesetz kommt somit keine positive Offenbarungsfunktion zu, es dient allein der Sündenprovokation.[31] Es ist ja auch nur von Engeln[32] angeordnet worden (Gal 3,19b)[33] und durch den Mittler Mose[34] zu den Menschen gelangt (Gal 3,20). Paulus will Gott offenbar aus dem Vorgang der Gesetzgebung heraushalten,[35] denn nur so ist die Differenzierung in V. 20 zu verstehen, wonach Mose eine Vielzahl (= die Engel) und nicht Gott vertritt. Um die Inferiorität des Gesetzes zu erweisen, werden die Engel als dämonische Mächte zu Urhebern des Gesetzes gemacht, wodurch die ursprüngliche gute Intention des Gesetzes verkehrt wurde.[36] Neben der Provozierung von Übertretungen kommt dem Gesetz eine zweite Hauptfunktion zu: Es versklavt den Menschen. Vor der Christusoffenbarung gab es für den Menschen ein Sein unter dem Gesetz und den Mächten. Er war ὑπὸ νόμον = ‚unter dem Gesetz' (Gal 3,23), ὑπὸ παιδαγωγόν = ‚unter dem Zuchtmeister' (Gal 3,25), ὑπὸ ἐπιτρόπους καὶ οἰκονόμους = ‚unter den Vormündern und Hausverwaltern' (Gal 4,2) und ὑπὸ τὰ στοιχεῖα τοῦ κόσμου = ‚unter den Elementen des Kosmos' (Gal 4,3). Christus hat den Menschen von dieser Versklavung befreit, und Freiheit ist deshalb das Kennzeichen des Lebens nach dem Geist. Der Getaufte und Glaubende sieht sich allen religiösen, rassischen und ökonomischen Unterschieden enthoben, die Gemeinde ist eins in Christus Jesus (Gal 3,26–28).[37]

---

[31] Χάριν (um – willen) ist final zu übersetzen, vgl. *H. Hübner,* Gesetz bei Paulus, 27.

[32] Διά (durch) mit Genitiv kann den Urheber einer Sache bezeichnen (vgl. Gal 1,1), Belege bietet *A. Oepke,* ThWNT II, 66f. Natürlich werden weder die Engel noch die Tora ausdrücklich als minderwertig bezeichnet, aber genau dies ergibt sich aus der auffälligen Struktur der paulinischen Argumentation, gegen *E.J. Schnabel,* Law and Wisdom, 272.

[33] Vgl. dazu Dtn 33,2 LXX; Josephus, Ant XV 136; Jub 1,29; TestDan 6,2 u.m. Rabbinische Belege bietet Billerbeck III 554ff.

[34] Vgl. bes. Lev 26,46 LXX, ferner *A. Oepke,* ThWNT IV, 602–629.

[35] De facto bestreitet Paulus in Gal 3,19 den göttlichen Ursprung des Gesetzes, denn nur unter dieser Voraussetzung ist die Differenzierung in V. 20 sinnvoll (vgl. *A. Oepke,* Gal, 116; *H. Lietzmann,* Gal, 21f; *U. Luz,* Geschichtsverständnis, 190; *H. Hübner,* Gesetz bei Paulus, 28; *J.W. Drane,* Paul, 34; *S. Schulz,* Ethik, 344; die Gegenposition vertritt z.B. *E.J. Schnabel,* Law and Wisdom, 271ff. Gal 3,21; Röm 7,22; 8,7; 9,4 zeigen wohl, daß Paulus diesen Gedanken nicht durchhalten kann und will, sie dürfen aber nicht die Interpretation von Gal 3,19.20 bestimmen, gegen *H. Räisänen,* Paul and the Law, 132.

[36] Vgl. die dreifache Unterscheidung (Intention Gottes, immanente Intention des Gesetzes, Intention der Gesetzgeber) bei *H. Hübner,* Gesetz bei Paulus, 31f.

[37] Zur Analyse des Textes vgl. *U. Schnelle,* Gerechtigkeit und Christusgegenwart, 57–62.

Wenn die Galater unter dem Gesetz sein wollen (Gal 4,21), bleiben sie hinter dem von ihnen bereits erreichten Heilsstand zurück. Paulus will den Galatern die Unsinnigkeit ihres Verhaltens wiederum durch einen Schriftbeweis verdeutlichen, wobei er auch diesmal an die Person Abrahams anknüpft (Gal 4,21–31). Die Abrahamthematik wird weitergeführt, indem der Apostel sich nun der zweiten Generation, den Söhnen, zuwendet. Für ihn bezeugt das Gesetz selbst, daß den Christen die Freiheit vom Gesetz zusteht. Die Abstammung von Abraham vollzog sich auf zweierlei Weise: nach dem Fleisch und durch die Verheißung (Gal 4,23). Entspricht der fleischliche Sohn dem Sinaibund, der in die Knechtschaft führte und sich im irdischen Jerusalem manifestierte, so wird der Sohn der Freien durch das himmlische Jerusalem repräsentiert, das die Mutter der Christen ist. Es gilt nun: ‚Ihr aber, Brüder, seid wie Isaak Kinder der Verheißung'. Zugleich sind die Galater damit τέκνα τῆς ἐλευθερίας (Kinder der Freiheit), so daß alles darauf ankommt, die im Christusgeschehen begründete, in der Pneumagabe zugeeignete und durch die Schrift bestätigte Freiheit zu wahren und nicht durch Toraobservanz in ihr Gegenteil zu verkehren.
Der durchgängig negativen Interpretation des Gesetzes im Gal scheinen Gal 5,14; 6,2 zu widersprechen. Doch ein wirklicher Widerspruch liegt nicht vor, denn νόμος meint an beiden Stellen nicht die alttestamentliche Tora. Wird in Gal 5,14 unter Berufung auf Lev 19,18 gesagt, daß ὁ πᾶς νόμος (das ganze Gesetz) in der Nächstenliebe erfüllt sei, so steht dies im strikten Gegensatz zu Gal 5,3, wo der, der die Beschneidung praktiziert, von Paulus dazu verpflichtet wird, ὅλον τὸν νόμον (das gesamte Gesetz) zu halten.[38] Somit kann ὁ πᾶς νόμος nicht bedeuten, was ὅλος ὁ νόμος meint, vielmehr bezeichnet das durch Nächstenliebe charakterisierte Gesetz in 5,14 das, was für Christen gilt und keineswegs identisch ist mit dem mosaischen Gesetz: die Liebe. Dies bedeutet radikale Reduktion und gerade dadurch bewußte Abrogation der mosaischen Tora, indem das mit ‚Gesetz' bezeichnet wird, was die πνευματικοί ohnehin auszeichnet, nämlich die Liebe (5,22).[39] Erfüllen die Christen das Gesetz, so ist das nicht im Sinn eines superadditum zum mosaischen Gesetz zu verstehen, vielmehr bezeichnet es etwas qualitativ Neues. In diesem Sinn ist auch der Ausdruck νόμος τοῦ Χριστοῦ (Gesetz Christi) in Gal 6,2 zu verstehen,

---

[38] Vgl. *H. Hübner*, Gesetz bei Paulus, 37ff.

[39] Der Gebrauch von νόμος in Gal 5,14 stellt somit den Übergang zum uneigentlichen Verständnis von νόμος dar, wie wir ihn in Gal 6,2 und Röm 3,27; 8,2 (s. Kap. 5.3) finden.

wo νόμος nicht mehr mit ‚Gesetz' zu übersetzen ist, sondern soviel wie ‚Anordnung', ‚Vorbild' oder ‚Norm' meint.[40] Νόμος wird gänzlich durch Χριστοῦ determiniert (Gen. auctoris)[41] und hat keinerlei Verbindung mit dem mosaischen Gesetz.
Die Vielschichtigkeit der paulinischen Gesetzeskritik im Gal erhält ihre entscheidende Signatur und Einheitlichkeit allein von der Pneumatologie! Durch die Gabe des Geistes ist es für die Christen nicht mehr erforderlich und zugleich unmöglich, sich dem Gesetz zu unterstellen (Gal 5,18). Da die Christen die entscheidende Heilsgabe des Geistes nicht aus Werken des Gesetzes, sondern aus der Botschaft des Glaubens empfangen haben (Gal 3,2.5), sind Beschneidung und Kalenderobservanz unsinnig, weil sie die im Pneuma zugeeignete Freiheit wieder in ihr Gegenteil verkehren. Der die paulinische Argumentation im Gal bestimmende Gegensatz lautet: πνεῦμα – νόμος.

5.3. Das Gesetzesverständnis des Röm

Die terminologische und partiell auch sachliche Neubewertung des Gesetzes im Röm hängt ursächlich mit der spezifischen Briefsituation und der Einführung von δικαιοσύνη θεοῦ (Gerechtigkeit Gottes) als theologischen Leitbegriff zusammen. Der Röm wurde an der Wende der paulinischen Missionstätigkeit abgefaßt, Paulus will nun in Spanien sein Werk fortsetzen und bedarf deshalb der Unterstützung der römischen Gemeinde (Röm 15,20.24). Zuvor beabsichtigt er jedoch, die Kollekte für die Urgemeinde in Jerusalem zu übergeben. Offenbar war sich Paulus der Annahme dieser Gabe durch ‚die Heiligen' nicht sicher, denn nur so sind der dringende Wunsch nach Fürbitte der römischen Gemeinde und die ihn plagenden Zweifel zu verstehen (Röm 15,30.31). Paulus sah neben der materiellen Unterstützung in der Kollekte eine Anerkennung des heilsgeschichtlichen Vorranges der Urgemeinde (Röm 15,27), vor allem aber ein Band der Einheit zwischen Heiden- und Judenchristen, das die Vereinba-

---

[40] Gegen *F. Hahn*, Gesetzesverständnis, 57 A 89, der für Gal 6,2 wie auch für Röm 3,27; 8,2 die Bedeutung ‚Regel', ‚Grundsatz' oder ‚Norm' ausschließt, da nach seinem Verständnis durch Christus das Gesetz seiner wahren Bestimmung zugeführt wird. Richtig hingegen betont *J. Eckert*, Verkündigung, 160: „Wenn Paulus nun vom ‚Gesetz des Christus' spricht, ist die paradoxe Formulierung evident, und ebenso klar dürfte es sein, daß hier von einem ganz anderen Gesetz als dem mosaischen die Rede sein muß."
[41] Vgl. *A. Oepke*, Gal, 188; *F. Mussner*, Gal, 399.

rung der Heidenmissionssynode (Gal 2,9) bekräftigen sollte.[42] Nun bezeugt aber die zunehmende Agitation der Judaisten selbst in den paulinischen Gemeinden (2 Kor, Gal), daß deren Position gegenüber der Heidenmissionssynode (Gal 2,4) erheblich an Gewicht – gerade in Jerusalem – gewonnen hatte, so daß Paulus sich genötigt sieht, diesen Strömungen erneut entgegenzutreten. Der Röm muß als ein Zeugnis dieser Auseinandersetzung gesehen werden, denn sicherlich wird auch die Gemeinde in Rom aus dem Munde der Judaisten etwas über Paulus und sein Evangelium gehört haben (vgl. Röm 3,8.31a; 6,1.15; 7,7; 16,17f). Weil aber der Apostel die Römer für seine zukünftigen Pläne braucht, stellt er sich ihnen mit seiner Theologie vor, um so allen Verdächtigungen den Boden zu entziehen.[43]

Die fortdauernde judaistische Agitation und die von den Römern für die geplante Missionsarbeit benötigte Hilfe sind gleichermaßen Anlaß für den Brief. Nur bei einer Entkräftung judaistischer Vorwürfe und Verdächtigungen konnte Paulus damit rechnen, daß sich die Römer ‚sein Evangelium' zu eigen machen und ihn bei seiner Spanienmission materiell und personell unterstützen würden.[44] Zwar besteht die römische Gemeinde z.Zt. der Briefabfassung schon mehrheitlich aus Heidenchristen (vgl. Röm 1,5.13–15; 9,3–5; 10,1–3; 11,13.17–32; 15,15f.18), aber ein beträchtlicher judenchristlicher Einfluß ist dennoch anzunehmen (vgl. Röm 9,24; 15,7–9; 16,7.11 [Andronikus, Iunia(s) und Herodion als Volksgenossen des Paulus] und den Konflikt zwischen ‚Starken' und ‚Schwachen', an dem auf jeden Fall auch Judenchristen und Sebomenoi beteiligt waren).

Paulus erhebt die zuvor nur in 2 Kor 5,21 erscheinende Wendung δικαιοσύνη θεοῦ (Gerechtigkeit Gottes) zum theologischen Schlüsselbegriff des Röm. Stellt das Nachdenken über Gott und seine Gerechtigkeit in der jüdischen Apokalyptik den religionsgeschichtlichen Hintergrund dieser Wendung dar,[45] so ist sie dennoch nicht einfach dieser Strömung entnommen, denn als terminus technicus ist Gerechtigkeit Gottes dort

---

[42] Vgl. *U. Wilckens*, Entwicklung, 180f; *ders.*, Röm III, 128f; *D. Zeller*, Röm, 14.

[43] Zutreffend *P. Stuhlmacher*, Abfassungszweck, 186: „Der Apostel möchte vor allem Einverständnis mit den Christen in der Welthauptstadt erzielen."

[44] Einen Forschungsüberblick bzw. eine Problemskizze zur Frage des Abfassungszweckes des Röm bieten *O. Kuss*, Paulus, 178–204; *W. Schmithals*, Römerbrief, 24–52; *M. Kettunen*, Abfassungszweck, 7–26; *P. Stuhlmacher*, Abfassung, 182ff (Kettunen und Stuhlmacher sehen im Röm vor allem eine Apologie mit Blick auf die judaistischen Kontrahenten des Apostels, die ihm überall hin folgen und von denen er fürchten muß, daß sie auch in Rom bereits gegen ihn agitieren).

[45] Vgl. *U. Wilckens*, Röm I, 202–233; *D. Zeller*, Röm, 45–50.

überhaupt nicht belegt.[46] Vielmehr schuf wahrscheinlich Paulus selbst die Wendung δικαιοσύνη θεοῦ (χωρὶς νόμου = ,ohne das Gesetz'), um so Gottes heilschaffendes Handeln am Menschen präzis zum Ausdruck zu bringen. Erstmals verwendet der Apostel ,Gerechtigkeit Gottes' in Röm 1,17 zum Abschluß des Proömiums. Im Evangelium offenbart sich die Gerechtigkeit Gottes ἐκ πίστεως εἰς πίστιν (aus Glauben zum Glauben). Gott selbst offenbart somit seine Gerechtigkeit, die im Glauben angenommen wird und auf Glauben zielt.[47] Die Unterscheidung zwischen theologischer Grundlegung und anthropologischem Vollzug der Gerechtigkeit Gottes findet sich auch in Röm 3,22, wo Paulus von der Gerechtigkeit Gottes durch den Glauben an Jesus Christus spricht. Das Christusgeschehen ist der Ort der Gerechtigkeit Gottes und der Glaube an dieses Heilshandeln Gottes dessen Annahmemodus. Die Universalität und Ausschließlichkeit dieses Geschehens werden dann in V. 23f unter den Aspekten der Sündhaftigkeit des Menschen und des grundlosen Gnadenhandelns Gottes in Jesus Christus weiter expliziert, bevor Paulus mit einer Tauftradition (V. 25)[48] und deren Deutung (V. 26) noch einmal den Zusammenhang zwischen der im Christusgeschehen sich manifestierenden eigenen Gerechtigkeit Gottes und der daraus resultierenden Gerechtmachung des Sünders durch den Glauben hervorhebt. Die Folge dieser christologisch fundierten und anthropologisch zentrierten universalen Fassung von Gerechtigkeit Gottes nennt Röm 3,21: νυνὶ δὲ χωρὶς νόμου δικαιοσύνη θεοῦ πεφανέρωται (Nun aber ist ohne das Gesetz die Gerechtigkeit Gottes offenbar geworden). Sind Juden und Heiden gleichermaßen am Gesetz gescheitert und der Sünde ausgeliefert (Röm 3,20; vgl. Gal 2,16), so gilt nun, daß die Gerechtigkeit Gottes allein und ausschließlich in Jesus Christus offenbar wurde.

In Röm 1,17; 3,21.22 und 10,3 erscheint ,Gerechtigkeit Gottes' als eine von Gott ausgehende Macht (= genitivus auctoris), die dem glaubenden Menschen aus Gnade verliehen wird.[49] Demgegenüber bezeichnet ,Gerechtigkeit Gottes' in Röm 3,5 Gottes eigene Gerechtigkeit (vgl. Röm 3,25.26) im Gegensatz zur menschlichen Ungerechtigkeit, so daß ein genitivus subjektivus in einem streng forensischen Kontext vorliegt.

---

[46] Nachweis bei *U. Schnelle,* Gerechtigkeit und Christusgegenwart, 92ff.
[47] Vgl. *U. Wilckens,* Röm I, 205.
[48] Vgl. zur Analyse *U. Schnelle,* Gerechtigkeit und Christusgegenwart, 67–72.
[49] Vgl. *H. Lietzmann,* Röm, 95.

Obgleich bei Paulus ein schwankender Sprachgebrauch zu konstatieren ist, benennt δικαιοσύνη θεοῦ besonders an den Schlüsselstellen Röm 1,17; 3,21.22 präzis den entscheidenden Inhalt der paulinischen Evangeliumsverkündigung z.Zt. der Abfassung des Röm: Im Christusgeschehen erschien die von Gott ausgehende und im Glauben anzunehmende Gerechtigkeit Gottes, die allein den Menschen vor Gott rechtfertigt und somit dem Gesetz jegliche soteriologische Bedeutung nimmt (vgl. auch Röm 6,14b). Weil durch die Benennung der Gerechtigkeit Gottes als δικαιοσύνη θεοῦ χωρὶς νόμου das Gesetz als Heilsweg abrogiert ist, kann Paulus im Röm zu einer partiellen Neubewertung des νόμος gelangen, die ihm einerseits nicht als einen die Kirchengemeinschaft gefährdenden puren Antinomismus ausgelegt werden kann, andererseits aber den zentralen theologischen Ertrag der Auseinandersetzung mit den galatischen Judaisten wahrt. Auf dem Hintergrund dieser zweifachen Zielsetzung sind die verschiedenen Linien des paulinischen Gesetzesverständnisses zu sehen, die im Röm entfaltet werden.
Nach der programmatischen Eröffnungsthese in Röm 1,16.17 begründet Paulus zunächst sein im Anschluß an Gal 2,16d ausgesprochenes Urteil, kein Fleisch werde aus Werken des Gesetzes gerecht (Röm 3,20a). Er geht von der universalen Macht der Sünde aus (vgl. Gal 3,22), der Juden und Heiden gleichermaßen unterliegen, so daß sowohl die ohne Gesetz als auch die mit Gesetz verloren gehen (Röm 2,12). Es gilt: Nicht die Hörer, sondern nur die Täter des Gesetzes werden gerecht (Röm 2,13). Damit wird im Gegensatz zum Gal die Teilhabe auch der Heiden am Gesetz vorausgesetzt, was Paulus in Röm 2,14f expliziert. Wenn die Heiden das vom Gesetz Gebotene tun, sind sie sich selbst Gesetz; sie belegen damit, daß ihnen die Forderungen des Gesetzes ins Herz geschrieben sind. Dadurch reduziert Paulus stillschweigend das mosaische Gesetz auf ethische Kernforderungen und trägt mit der Vorstellung des νόμος ἄγραφος (ungeschriebenen Gesetzes) griechische Gedanken ein,[50] um die (negative) Gleichstellung von Juden und Heiden vor Gott zu erweisen. Schließlich dient auch die Neudefinition des Judeseins in Röm 2,26–29 allein dem Nachweis, daß Juden und Griechen gleichermaßen und ohne Ausweg der Macht der Sünde unterliegen (Röm 3,9). Juden und Griechen können sich deshalb dem Gericht Gottes nicht entziehen (Röm 2,1–11), denn ihre vermeintlichen Vorzüge gelten vor Gott nicht, und gerade ihre angestrebte Orthopraxie klagt sie an.

[50] Vgl. *U. Wilckens*, Röm I, 134f.

Eine auffallende Verschiebung gegenüber dem Gal zeigt sich im Verständnis der Beschneidung. Knüpft Röm 2,25 noch an Gal 5,3 an, wobei bezeichnenderweise nur noch vom πράσσειν νόμον (Tun des Gesetzes), nicht aber vom ὅλον τὸν νόμον ποιῆσαι (Halten des ganzen Gesetzes) die Rede ist, so wird die Beschneidung als Erwählungszeichen in Röm 3,1 positiv bewertet, das durch die Untreue der Juden nicht hinfällig wurde. Standen sich im Gal Beschneidung und Glaube ausschließlich gegenüber, so zeigt sich nun in Röm 4,12 eine Verbindung zwischen beiden, insofern Abraham für die Judenchristen auch Vater der Beschneidung ist, wenn diese glauben. Im Röm ist die Beschneidung nicht mehr Totalverpflichtung gegenüber der Tora, gibt es ein Nebeneinander von leiblicher und geistlicher Beschneidung (Röm 2,28.29) und gilt die Beschneidung als Erwählungszeichen in Verbindung mit dem Glauben für Judenchristen.[51]

Auf die Kontrastierung der aussichtslosen Situation des Menschen unter der Sünde (Röm 3,20) mit der in Jesus Christus erschienenen Heilsmöglichkeit der Gerechtigkeit Gottes (Röm 3,21–26) erscheint in Röm 3,27 die für das paulinische Gesetzesverständnis so bedeutsame Wendung νόμος πίστεως = ‚Gesetz des Glaubens' (vgl. Gal 6,2: νόμος Χριστοῦ). Meint νόμος hier die alttestamentliche Tora oder liegt ein uneigentlicher Gebrauch von νόμος vor? Eine Entscheidung kann nur vom philologischen Befund in V. 27, nicht aber von einem herangetragenen Gesamtverständnis paulinischer Gesetzestheologie gefällt werden. In Röm 3,27 erscheint νόμος πίστεως als das Mittel (διά), durch welches das Rühmen ausgeschlossen ist. Dabei steht das Verb ἐκκλείειν im Aorist Passiv (es ist ausgeschlossen), bezeichnet also einen einmaligen Akt in der Vergangenheit. Sachliches Subjekt dieses Geschehens ist Gott, nicht der glaubende Mensch, denn nicht das rechte Verhalten des glaubenden Menschen zum Gesetz oder die Wiederbelebung des Gesetzes durch den Glauben stehen zur Debatte, sondern νόμος als Mittel eines die καύχησις (das Rühmen) ausschließenden einmaligen Geschehens. Dann kann aber νόμος πίστεως nur die Heilstat Gottes in Jesus Christus meinen, denn die alttestamentliche Tora ist nicht das von Gott gewählte Mittel, um ein für alle Mal das Rühmen auszuschließen. Νόμος muß somit im uneigentlichen Sinn als ‚Ordnung', ‚Norm' übersetzt werden.[52] Diese neuerdings wieder von H. Räisänen[53] vorgetragene Interpretation von Röm 3,27 wird durch V. 28 bestätigt, der als Erläuterung (γάρ) von V. 27 das νόμος πίστεως durch δικαιοῦσθαι ἄνθρωπον πίστει (der Mensch ist gerechtfertigt durch Glauben) interpretiert.

[51] Vgl. *H. Hübner,* Gesetz bei Paulus, 44–50.

[52] Sprachliche Parallelen zu einem solchen Gebrauch von νόμος bietet *H. Räisänen,* Sprachliches zum Spiel des Paulus mit Nomos, 134–149.

[53] Vgl. aaO., 149–154.

Vergleichbar mit νόμος πίστεως ist die Wendung νόμος τοῦ πνεύματος (Gesetz des Geistes) in Röm 8,2. Auch hier gilt die methodische Regel, daß der Vers und sein unmittelbarer Kontext über die Bedeutung entscheiden. In Röm 8,1 setzt Paulus ziemlich unvermittelt mit der Feststellung ein, daß es für die Gläubigen in Christus Jesus keine Verurteilung mehr gebe, nachdem er zuvor mit der Frage Röm 7,25a den Übergang zum 8. Kap. markiert hatte.[54] Unter deutlicher Bezugnahme auf Röm 7,6 zeigt νῦν (jetzt) die im Christusgeschehen begründete eschatologische Wende an. Die Versklavung und damit Verurteilung des unter der Macht der Sünde stehenden Ego wäre unabwendbar, wenn Christus die Gläubigen nicht von der Sünde befreit und in den Bereich des Geistes gestellt hätte. Paulus beschreibt diese neue Wirklichkeit in V. 2 paradox mit der Wendung ‚Gesetz des Geistes des Lebens'. Für das Verständnis von νόμος in diesem Vers sind die Antithesen Geist – Sünde, Leben – Tod entscheidend.[55] Sie haben in V. 2 leitende und qualifizierende Funktion, sie zeigen, daß der νόμος-Gebrauch in V. 2a dem in 2b entspricht, und sie machen schließlich deutlich, daß νόμος hier im unspezifischen Sinn mit ‚Norm' übersetzt werden muß,[56] wobei kein Bezug zum mosaischen Gesetz vorliegt.[57] Dieser zeigt sich erst in V. 3a, wo Paulus die Unfähigkeit des Gesetzes betont, von der Macht des Fleisches zu befreien. Deshalb kann mit νόμος in V. 2 die alttestamentliche Tora gar nicht gemeint sein, weil dann V. 3a das widerrufen würde, was V. 2 behauptet: Befreiung von der Macht der Sünde und des Todes.[58] Νόμος πίστεως

[54] Röm 7,25b ist als Folgerung aus 7,15–23 aufgrund seiner erkennbaren Deplaziertheit mit *R. Bultmann,* Glossen, 279, als sekundäre Glosse auszuscheiden. Gegen *R. Bultmann,* aaO., 279, ist hingegen Röm 8,1 nicht zu eliminieren, da dieser Vers sentenzartig paulinische Theologie enthält und zu den Erörterungen in Röm 8,3.33 paßt; vgl. auch *H. Paulsen,* Röm 8, 23–31.

[55] Vgl. *H. Paulsen,* Röm 8, 64; *E. Käsemann,* Röm, 207.

[56] So auch *H. Paulsen,* Röm 8, 64; *R. Bultmann,* Theologie, 260; *E. Käsemann,* Röm, 207; *H. Räisänen,* Gesetz des Glaubens, 113ff, der zudem eine Forschungsübersicht über die Auslegung von Röm 3,27 und 8,2 bietet (vgl. aaO., 101–105); *U. Luz,* Gesetz, 104; *D. Zeller,* Röm, 152.

[57] *E. Lohse,* ὁ νόμος τοῦ πνεύματος, 285; *P. v. d. Osten-Sacken,* Röm 8, 226ff; *F. Hahn,* Gesetzesverständnis, 57 A 89; *U. Wilckens,* Röm II, 122f; *E. J. Schnabel,* Law and Wisdom, 289f, verstehen unter νόμος in 8,2 das atl. Gesetz. Für sie vollzieht sich die Wende im Gesetz selbst, so daß die Antithesen lediglich die Wirkung, nicht aber das Wesen des Gesetzes bezeichnen. Die qualifizierende Bedeutung der Antithesen und der νόμος-Gebrauch in V. 3 machen eine derartige Auslegung sehr unwahrscheinlich.

[58] Vgl. *H. Paulsen,* Röm 8, 64f. Klassisch formuliert das Verhältnis Gesetz – Geist

bzw. νόμος τοῦ πνεύματος bezeichnen nicht die durch das Christusgeschehen ihrer eigentlichen Bestimmung zugeführte alttestamentliche Tora, sondern Paulus spielt hier mit dem Begriff νόμος, um die neue Heilsordnung gerade in ihrer Diskontinuität zum alttestamentlichen Gesetz darzustellen.

Andererseits finden sich im Röm sehr positive Aussagen über die Tora. Hatte Paulus bereits in Röm 3,21b die Tora als Zeugen für die Gerechtigkeit Gottes χωρὶς νόμου angeführt, so behauptet er in Röm 3,31, der Glaube richte das Gesetz auf. Hier ist zweifellos die alttestamentliche Tora gemeint, denn in V. 31a nimmt Paulus den gegen ihn sicherlich erhobenen Vorwurf auf, durch seine Bestimmung des Glaubens werde das Gesetz entleert. Wie die positive Beziehung zwischen Glaube und Gesetz genauer zu bestimmen ist, sagt der Apostel allerdings nicht.[59] Einen Hinweis gibt Röm 13,8–10, wo Paulus die Tora auf das Liebesgebot reduziert (vgl. Gal 5,14).[60] Er steht damit in der Tradition jüdischer[61] und judenchristlicher (vgl. Mt 5,43; 7,12; 19,19; 22,39; Mk 12,28–34; Lk 10,27) Auslegung, die das Gesetz auf den Liebesgedanken konzentriert, um so seine eigentliche Intention herauszustellen und es auch für Heiden verständlich zu machen. Eine explizite Kritik am Gesetz ist in Röm 13,8–10 nicht erkennbar, vielmehr wird seine Erfüllbarkeit vorausgesetzt (vgl. Mt 5,17ff). Andererseits kann die völlige Ausrichtung der Tora auf das Liebesgebot als bewußte Reduktion und damit Aufhebung verstanden werden,[62] denn im Gegensatz zur jüdischen Tradition verlieren die übrigen Gebote und Verbote der Tora bei Paulus völlig ihre Bedeutung.[63]

H. Lietzmann, Röm, 71: „Wem Gott sein πνεῦμα gegeben hat, an den tritt er nie mehr von außen mit den kasuistischen Forderungen des Gesetzes heran."

[59] Röm 4 ist nicht die Fortführung von Röm 3,31, dagegen spricht schon die einen Neueinsatz anzeigende Wendung τί οὖν ἐροῦμεν; (Was sollen wir nun sagen?); vgl. *U. Luz,* Geschichtsverständnis, 173.

[60] Sehr wahrscheinlich bezieht sich in Röm 13,8 τὸν ἕτερον (den Nächsten) als Objekt auf ἀγαπῶν (liebt) und kann nicht als Attribut zu νόμος (Gesetz) gezogen werden, denn Paulus gebraucht ἀγαπᾶν (lieben) nie absolut; vgl. *U. Wilckens,* Röm III, 68.

[61] Belege aus dem hellenistischen Judentum und der frühen rabbinischen Überlieferung bieten *K. Berger,* Gesetzesauslegung Jesu I, 99–136; *A. Nissen,* Gott und der Nächste, 224–246.389–416; *Billerbeck* I 357–359. III 306; *O. Wischmeyer,* Gebot der Nächstenliebe bei Paulus, 162ff.

[62] Vgl. *H. Räisänen,* Paul and the Law, 27; *O. Wischmeyer,* Gebot der Nächstenliebe bei Paulus, 180–187.

[63] Vgl. *F. Mussner,* Gal, 373.

Damit verläßt Paulus jüdisches Denken, für das die Erfüllung der gesamten Tora durch ein Einzelgebot nicht vorstellbar und auch nicht nachweisbar ist. Indem das Gesetz der Agape zugeführt wird, verändert es seinen Charakter und seine ursprüngliche Bedeutung, denn nun wird es von der Liebe bestimmt und im Liebesgedanken zusammengefaßt.[64] Beachtet man ferner, daß Paulus seine positive Bewertung des Gesetzes in Röm 3,31; 13,8–10 jeweils nach einer grundlegenden Kritik des Gesetzes als Heilsweg formuliert und es sich um Paränese handelt, so kann von einer Restitution der Tora in Röm 3,31; 13,8–10 nur scheinbar die Rede sein. Zudem zeigen Röm 15,2–3.5–7 die christologische Füllung des Liebesgedankens bei Paulus, denn Gott offenbarte in Jesus Christus seine Liebe und ermöglichte dadurch das neue Verstehen der Nächstenliebe als eigentlicher Erfüllung des Gotteswillens.[65]
Die weitaus positivsten Aussagen über das Gesetz macht Paulus in Röm 7. Hier gilt: ὁ μὲν νόμος ἅγιος καὶ ἡ ἐντολὴ ἁγία καὶ δικαία καὶ ἀγαθή – ‚So ist das Gesetz heilig und das Gebot heilig, gerecht und gut' (Röm 7,12). Im Gegensatz zu Gal 3,19.20 erscheint Gott als Urheber des Gesetzes (vgl. ferner Röm 7,22; 8,7), dessen gutes Gesetz durch die Macht der Sünde pervertiert wird. Das Gesetz ist nicht Sünde (Röm 7,7), es provoziert nicht Sünden (so Gal 3,19), sondern dient der Sündenerkenntnis (Röm 7,7; vgl. 3,20). Die Sünde bedient sich des Gesetzes, um die ἐπιθυμία (Begierde) im Menschen zu wecken (Röm 7,8), so daß nun das Gebot nicht zum Leben, sondern zum Tod wirkt (Röm 7,10). Einerseits erscheint das Gesetz der Sünde hilflos ausgeliefert, andererseits war die Sünde ohne das Gesetz tot (Röm 7,8b), wurde die Sünde erst durch das Gebot lebendig (Röm 7,9), so daß die Existenz des Gesetzes die Situation des Beherrschtseins von der Sünde erst offenbarte.[66] Der sich daraus ergebende Gedanke einer möglichen (negativen) Teilhabe des Gesetzes am Werk der Sünde wird von Paulus allerdings nicht aufgegriffen, sondern er betont, die Sünde benutze das Gesetz als Basis gegen das vom Gesetz Gewollte (Röm 7,11), die Sünde mißbrauche das ursprünglich heilige Gesetz Gottes (Röm 7,13).

---

[64] Vgl. *H. Hübner,* Gesetz bei Paulus, 78f.
[65] Vgl. *D. Zeller,* Röm, 218.
[66] Vgl. zu den hier nicht zu behandelnden Einzelproblemen von Röm 7,7–13 (Bedeutung von ἐπιθυμία, Anspielungen auf Gen 2; 3) bes. *E. Käsemann,* Röm, 184ff; *H. Hübner,* Gesetz bei Paulus, 63ff.

Bereits in Röm 4,15 unternahm Paulus den Versuch, das für seine Argumentation zentrale Verständnis von Sünde und Gesetz zu bestimmen. In Röm 4,15 erscheint das Gesetz als notwendige Voraussetzung für die Möglichkeit von Übertretungen, nicht aber als deren Ursache.[67] Auch in Röm 5,20 ist nicht das Gesetz selbst Sünde, sondern es übt nur eine begrenzte Funktion aus, damit die Übertretung sich mehre und der Reichtum der Gnade offenbar werde. Nach der Sünde in die Welt gekommen (Röm 5,12), hat das Gesetz nur die Aufgabe, in den bereits vorgegebenen Zusammenhang von Sünde und Tod einzutreten, um ihn überhaupt in seinem Gegenüber zur Gnade sichtbar zu machen.

Das notwendige Scheitern des (adamitischen) Menschen am Gesetz wird in seiner grundsätzlichen Dimension in Röm 7,14–25a aus christlicher Sicht entfaltet.[68] Die im Menschen wohnende Sünde (Röm 7,17b.20b. 23b) bedient sich gerade des menschlichen Strebens nach dem Guten, um ihn zu unterjochen. Der auf das Gesetz ausgerichtete Mensch will das Gute, er tut aber durch die Verführung der Sünde das Böse (Röm 7,18b.19.21), das er als solches nicht erkennen kann, weil er sich gerade in seinem Streben nach dem Guten der Macht der Sünde nicht bewußt ist. Während der Mensch im Innersten seines Personseins (V. 22: ἔσω ἄνθρωπος = ‚innerer Mensch'; V. 23: νόμος τοῦ νοός = ‚Gesetz der Vernunft') das Gesetz Gottes befolgen will (V. 22), wird er von der Sünde daran gehindert (V. 23).[69] In dieser ausweglosen Lage bleibt nur noch der verzweifelte Schrei: ‚Wer wird mich retten aus diesem Leibe des Todes?' Nach der inneren Logik von Röm 7,14–24 kann die Auskunft nur ‚Niemand' lauten,[70] so daß die Danksagung in V. 25a die einzig sachgemäße Antwort ist, denn sie verweist auf das allein rettende Handeln Gottes in Jesus Christus.
Von besonderer Bedeutung für das paulinische Gesetzesverständnis ist Röm 10,4,[71] wo Christus als das ‚Ende' des Gesetzes (τέλος γὰρ νόμου Χριστός) bezeichnet wird, ‚zur Gerechtigkeit für jeden, der glaubt'. Ein sachgemäßes Verständnis von τέλος kann nur unter Einbeziehung des engeren Kontextes (Röm 9,30 – 10,8) und des gesamten V. 4 erreicht

[67] Vgl. *H. Hübner,* Gesetz bei Paulus, 72.
[68] Zur literarischen Stilform des ‚Ich' vgl. *W. G. Kümmel,* Röm 7, 119ff; vgl. ferner die ‚Klagepsalmen des Einzelnen' (bes. Ps 22) und 1QS XI 9ff; 1QH 1,21ff; 3,23ff; 4,29f.
[69] Mit ἕτερος νόμος (anderes Gesetz) und νόμος τῆς ἁμαρτίας sind zwei Seiten derselben Sache gemeint; vgl. *W. G. Kümmel,* Röm 7, 62f.
[70] Vgl. *U. Wilckens,* Röm II, 95.
[71] Zur Auslegungsgeschichte vgl. *U. Luz,* Geschichtsverständnis, 139ff; *R. Badenas,* Christ the End of the Law, 7ff.

werden.[72] In Röm 9,30–33 stellt Paulus zunächst die Gerechtigkeit aus Glauben der Heiden dem Gesetz der Gerechtigkeit der Juden gegenüber. Das Scheitern am Gesetz wird mit der lapidaren Feststellung erklärt, Israel habe die Gerechtigkeit nicht aus Glauben, sondern aus Werken erlangen wollen (Röm 9,32). Christus wurde Israel zum Stein des Anstoßes, weil es den Weg des Gesetzes und nicht den Weg des Glaubens ging (Röm 9,33). In Röm 10,2 bestätigt Paulus Israel ausdrücklich den Eifer für Gott, aber auch die fehlende Einsicht. Sie offenbart sich in dem Versuch, die eigene Gerechtigkeit aufzurichten und sich nicht der Gerechtigkeit Gottes unterzuordnen (V. 3). Für den Glaubenden hingegen gilt: Christus ist seine Gerechtigkeit, so daß Christus zugleich das Ende des Gesetzes ist, insofern dieses den vergeblichen Versuch ermöglicht, vor Gott die eigene Gerechtigkeit aufzurichten.[73] Von einer ‚Erfüllung des Gesetzes',[74] indem es durch Christus seiner eigentlichen Bestimmung zugeführt wird, τέλος also mit ‚Vollendung' bzw. ‚Ziel' zu übersetzen wäre, kann in Röm 10,4 nicht die Rede sein. Dagegen sprechen die Gegenüberstellung von ἰδία δικαιοσύνη (die eigene Gerechtigkeit) und δικαιοσύνη θεοῦ in V. 3, die grammatikalische Struktur von V. 4 (εἰς δικαιοσύνην ist zum folgenden Partizip zu ziehen, zugleich bezieht es sich auf den gesamten vorhergehenden Vers),[75] die nur die Deutung zuläßt, daß es Gerechtigkeit allein für den Glaubenden gibt, und schließ-

[72] Allein vom Wortgebrauch her läßt sich das paulinische Verständnis der Wendung τέλος τοῦ νόμου nicht ermitteln, denn sowohl die Wortgeschichte von τέλος (vgl. die Darstellung bei *R. Badenas,* aaO., 38–80) als auch die paulinische Verwendung (vgl. *G. Delling,* ThWNT VIII, 55–57) läßt die Festlegung auf eine durchgehende Grundbedeutung nicht zu, obgleich bei der Mehrzahl der Belege (1 Kor 1,8; 10,11; 15,24; 2 Kor 3,13; 11,15; Röm 6,21.22; Phil 3,19) τέλος im Sinn von ‚Ende' zu verstehen ist.

[73] Vgl. in diesem Sinn z. B. *H. Lietzmann,* Röm, 96; *R. Bultmann,* Theologie, 264; *E. Käsemann,* Röm, 273; *O. Michel,* Röm, 326; *G. Delling,* ThWNT VIII, 57; *D. Zeller,* Röm, 185; *H. Hübner,* EWNT III, 835; *H. Räisänen,* Paul and the Law, 56; *S. Schulz,* Ethik, 347. Bestätigt wird diese Auslegung auch durch den Sprachgebrauch im Röm (6,21.22), wo τέλος immer ‚Ende' bedeutet. Eine Mittelposition vertritt *U. Wilckens,* Röm II, 223, wenn er Christus als „Ende und Ziel der Tora im Glauben" versteht.

[74] So vor allem *P. v. d. Osten-Sacken,* Römer 8, 250ff. Er beruft sich für diese Interpretation besonders auf Röm 9,30–33 (bes. V. 31), übergeht dabei allerdings den durch ἀδελφοί (Brüder) deutlich markierten Neueinsatz in Röm 10,1, der den unmittelbaren Kontext von Röm 10,4 einleitet (Röm 10,1–8), wo für eine Interpretation von τέλος im Sinn von ‚Ziel' oder ‚Vollendung' kein Raum ist. Zur Kritik an v. d. Osten-Sacken vgl. *H. M. Lübking,* Paulus und Israel, 83f.

[75] Vgl. *E. Käsemann,* Röm, 273.

lich die folgende Kontrastierung der Gerechtigkeit aus dem Gesetz (V. 5)[76] mit der Gerechtigkeit aus dem Glauben (V. 6).[77] Während die Gerechtigkeit aus dem Gesetz dem Prinzip des Tuns verpflichtet ist, die Verheißung als eine Folge des Tuns erscheint, gilt für die in V. 6a personifiziert auftretende Glaubensgerechtigkeit, daß ihr Wort in der Verkündigung dem Menschen nahe ist und nichts anderes als rettenden Glauben fordert.[78]

5.4. *Das Gesetzesverständnis des Phil*

Obgleich Paulus sich im Phil mit judaistischen Gegnern auseinandersetzen muß,[79] tritt die Gesetzesproblematik auffällig zurück. Nur die Gegenüberstellung der Gerechtigkeit aus dem Gesetz mit der Gerechtigkeit aus Gott in Phil 3,9 knüpft an die Erörterungen des Röm an. Die Präposition ἐκ (aus) zeigt sehr präzise, daß nicht das Gesetz, sondern allein Gott Ursache und Quelle der Gerechtigkeit ist. Ergriffen wird diese Gerechtigkeit durch den Glauben, der selbst ein Element des Gnadenhandelns Gottes in Jesus Christus ist. Die biographischen Aussagen in Phil 3,5.6 lassen einen wichtigen Aspekt des paulinischen Selbstverständnisses erkennen. Der Apostel behauptet in V. 6 von sich selbst, er sei der Gesetzesgerechtigkeit nach untadelig gewesen. Offenbar hält Paulus hier die vollständige Erfüllung der Gesetzesforderungen durch einen Menschen für möglich, während er dies in Gal 3,12; Röm 10,5 nur als eine hypothetische, in Wirklichkeit aber nicht realisierbare Möglichkeit ansieht. Eine Spannung ist unverkennbar, denn für sich nimmt Paulus offensichtlich in Anspruch, was er anderen abspricht, um so eine Negativfolie für seine Rechtfertigungslehre zu erhalten.

5.5. *Folgerungen*

Die Selbstaussagen des Apostels Paulus über seine Berufung und Beauftragung bei Damaskus lassen nicht den Schluß zu, er habe bereits dort jene Rechtfertigungslehre empfangen, die er im Gal und Röm voll entfal-

---

[76] Zu den Textproblemen von V. 5 vgl. *H. Hübner,* Gottes Ich und Israel, 78–80.
[77] Zum Mischzitat in VV. 6–8 vgl. aaO., 86.154f.
[78] Vgl. *D. Zeller,* Röm, 186.
[79] Vgl. *J. Gnilka,* Phil, 211ff.

tet. Paulus schildert Damaskus als ein Offenbarungsgeschehen, dessen Inhalt eine Christophanie, dessen Folge eine radikale Lebenswende waren. Wohl konnte diese grundlegende Neuorientierung auf Dauer nicht ohne Folgen für das Gesetzesverständnis des ehemaligen Pharisäers Paulus bleiben, aber eine punktuelle Identität von Christuserkenntnis und Gesetzeskritik läßt sich an den Texten gerade nicht belegen.[80] Dies bestätigen der 1 Thess und die beiden Korintherbriefe, in denen νόμος entweder gar nicht oder nicht in dem reflektierten Sinn des Gal und Röm erscheint. Dann stellt sich aber die Frage, welche Bedeutung die Tora in der paulinischen Mission und im Leben der Gemeinde hatte. Der Befund im 1 Thess, 1/2 Kor läßt nur den Schluß zu, daß de facto die Gesetzesfreiheit „mehr oder weniger selbstverständliche Basis"[81] war. Dies legen sowohl die soziologische Struktur der paulinischen Gemeinden als auch die Aussagen über das Gesetz in den Korintherbriefen nahe. Soweit sich aus den spärlichen Angaben erschließen läßt, zeichnen sich die paulinischen Gemeinden durch religiöse und soziale Vielschichtigkeit aus. Neben den wohl in allen Gemeinden dominierenden Heidenchristen (vgl. z. B. 1 Kor 12,2; Röm 11,17–24) wird es starke Gruppen von Judenchristen (z. B. Krispus, Priska und Aquila), ehemalige Proselyten[82] und aus dem Bereich der σεβόμενοι τὸν θεόν = ‚Gottesfürchtige' (vgl. z. B. Apg 18,7) zahlreiche Gemeindeglieder gegeben haben. In ihrer sozialen Schichtung dürften die paulinischen Gemeinden ein Spiegelbild der damaligen Gesellschaft gewesen sein; Sklaven und Glieder unterer Schichten gehörten ihnen ebenso an wie angesehene bzw. wohlhabende Juden und Griechen.[83]
Offenbar behielten die einzelnen Gruppen zunächst ihre religiösen Gewohnheiten weitgehend bei, worauf die Konflikte um das Essen von Götzenopferfleisch (1 Kor 8) in Korinth und zwischen den ‚Schwachen und Starken' in Rom hinweisen (Röm 14,1 – 15,13). Während in Korinth besonders Heidenchristen aufgrund ihrer Herkunft in ihrem Gewissen

---

[80] Vgl. *H. Räisänen*, Paul's Conversion, 416: „General considerations about the nature of Paul's theology of the law and the historical context of his mission suggest that theology was not complete with his conversion."

[81] *U. Wilckens*, Entwicklung, 158; vgl. auch *H. Räisänen*, Paul and the Law, 258.

[82] Zwar dürfte προσηλύτων (Proselyt) in Apg 13,43 eine sekundäre Hinzufügung sein (vgl. *E. Haenchen*, Apg, 397 A 5), aber Apg 2,11; 6,5 machen es wahrscheinlich, daß auch ehemalige Proselyten zu den paulinischen Gemeinden gehörten.

[83] Vgl. dazu den Nachweis bei *G. Theißen*, Soziale Schichtung in der korinthischen Gemeinde, 231–271.

gefährdet waren (1 Kor 8,7),[84] weisen die der kultischen Reinheit (Röm 14,14.20) dienende Enthaltung von Fleisch (Röm 14,2) und Wein (14,17.21) sowie die Beobachtung bestimmter Tage (14,5) auf Judenchristen in der römischen Gemeinde hin.[85] Aufschlußreich ist der Umgang des Apostels mit diesen Gemeindeproblemen. Er mißt den rituellen Gesetzen keine grundsätzliche Bedeutung mehr zu (vgl. 1 Kor 6,12; 10,23; Röm 14,14.20), sondern sieht in der Rücksichtnahme gegenüber der gefährdeten Gruppe und im gegenseitigen Annehmen das rechte christliche Verhalten (vgl. 1 Kor 8,9.12.13; 10,32; Röm 14,13.15.29f; 15,7).[86]

War die Tora zwischen Paulus und den Thessalonichern weder ein Thema noch ein Problem, so bezeugen die Korintherbriefe eine große Freiheit im Umgang mit dem Gesetz. Zeigt 1 Kor 7,19b die ethische Relevanz der Gebote in der Gemeinde an, so nennt 1 Kor 7,19a auch die Voraussetzung dafür: die Aufhebung aller heilsgeschichtlichen oder ethnischen Prärogative. Ebenso deuten die vorpaulinischen Tauftraditionen Gal 3,26–28; 1 Kor 12,13 sowie Gal 5,6; 6,15 auf eine sehr starke Strömung innerhalb der paulinischen Gemeinden hin, die ihre Berufung zum christlichen Glauben unmittelbar mit der Auflösung religiöser, sozialer und ethnischer Unterschiede verband. Während die Beschneidung als Heilsgabe Gottes außer Kraft gesetzt war, konnte die Tora in ihrem ethischen Kerngehalt weiter unbefangen in Anspruch genommen werden, wie es neben 1 Kor 7,19b die Zitierungen der Tora als Schrift in 1 Kor 9,8; 14,21.34 zeigen.[87] Der freie Umgang des Apostels mit der Tora spiegelt sich auch in 1 Kor 9,20–22 wider, wo deutlich wird, daß νόμος in der Missionspraxis jeweils nach der missionarischen Zielsetzung des Apostels eine sehr unterschiedliche Bedeutung haben kann. Ziel des Paulus ist allein die Rettung von Juden und Heiden, die außerhalb des Christusgeschehens verloren sind (vgl. 1 Kor 9,22b). Die Distanz der Gesetzesaussagen der Korintherbriefe zu der überaus komplexen Argumentation des Apostels im Gal und Röm ist offenkundig. Allein 1 Kor 15,56 und 2 Kor 3 weisen in die Richtung der späteren Beweisführung, wobei zu bedenken ist, daß 2 Kor 3 im

[84] Zutreffend *H. Conzelmann,* 1 Kor, 175: „Die ‚Schwachen' sind weder Judenchristen noch überhaupt eine geschlossene Gruppe. Sie vertreten nicht eine Position. Sie sind einfach schwach."

[85] Vgl. zu den Problemen *U. Wilckens,* Röm III, 109–115.

[86] Vgl. zur Begründung im einzelnen *O. Merk,* Handeln aus Glauben, z.St.

[87] Der ethisch motivierte Rückgriff auf Toragebote ist natürlich nicht identisch mit einer ausgeführten Rechtfertigungslehre, wie *A. Lindemann,* Toragebote, 244ff, suggerieren will.

Gegenüber zur Synagoge geschrieben wurde und in 1 Kor 15,56 der Zusammenhang von Sünde und Gesetz lediglich unvermittelt aufblitzt, ohne wirklich konsequent durchdacht und ausgeführt zu werden. Wohl enthalten die Korintherbriefe Aussagen über das Gesetz und die Gerechtigkeit, die aber nicht einfach gleichzusetzen sind mit der sowohl begrifflich als auch sachlich reflektierten und akzentuierten Rechtfertigungslehre des Gal und Röm.

Das offenbar über lange Zeit relativ problemlose Nebeneinander von Gesetzesfreiheit als Grundlage der paulinischen Heidenmission und selbstverständlicher Geltung der Tora als ethischer Norm wurde durch das Auftreten judenchristlicher Missionare in Galatien beendet.[88] Ihre Forderung nach Beschneidung auch für Heidenchristen nötigte Paulus, die Gesetzesproblematik von der Peripherie in das Zentrum seiner Theologie zu rücken. Gegenüber dem Apostelkonzil hatte sich eine einschneidende Veränderung der Situation ergeben, denn dort wurde an der Person des Titus exemplarisch deutlich, daß Heidenchristen sich nicht beschneiden lassen müssen, um Glieder des Volkes Gottes zu werden (vgl. Gal 2,3). Die Rechtfertigungslehre des Gal ist somit eine neue Antwort auf eine neue Situation! Dieses Urteil ergibt sich nicht nur im Gegenüber zu den Vereinbarungen des Apostelkonzils und den spärlichen Gesetzes- und Rechtfertigungsaussagen der Korintherbriefe, sondern auch aus dem Gal selbst. Die paulinische Argumentation im Gal erweckt nicht den Eindruck, als sei sie das Ergebnis eines zwanzigjährigen Nachdenkens über die Bedeutung der Tora. Paulus ringt mit einem für ihn in dieser Form neuen Problem! Dies zeigen die dargestellten sehr verschiedenartigen Begründungen für die Abrogation der Tora. Die Vielschichtigkeit der paulinischen Argumentation legt den Schluß nahe, daß der Apostel mit aller Macht eine in seine Gemeinde eingedrungene neue Irrlehre entkräften will. Dabei ergeben sich z.T. erhebliche Spannungen innerhalb der paulinischen Beweisführung (vgl. Gal 3,19.20 mit Gal 3,21; Gal 5,3 mit Gal 5,14), die ebenfalls auf die Situationsbedingtheit der Argumentation des Apostels hinweisen.[89]

Wie sehr die paulinische Rechtfertigungslehre der Situation verhaftet ist,

[88] Anders *H. Räisänen,* Paul and the Law, 256ff, der im antiochenischen Zwischenfall den Ausgangspunkt für ein neues und vertieftes Nachdenken des Apostels über die Bedeutung des Gesetzes sieht. *F. Watson,* Paul, 24–38, sieht allgemein in den Erfordernissen der Mission, nicht aber im Damaskusgeschehen, den Ursprung der Gesetzesdebatte.

[89] Die Spannungen innerhalb des paulinischen Gesetzesverständnisses hat vor allem *H. Räisänen* herausgearbeitet; vgl. bes. *ders.,* Difficulties, passim.

zeigen ferner die aufgezeigten Unterschiede im Gesetzesverständnis zwischen dem Gal und Röm. Veranlaßt wurde Paulus zu den teilweise neuen Aussagen über das Wesen und die Funktion des Gesetzes durch die gegenüber dem Gal veränderte Gesprächslage, ermöglicht wurden sie ihm durch die Einführung von δικαιοσύνη θεοῦ χωρὶς νόμου (Gerechtigkeit Gottes ohne Gesetz) als theologischem Zentralbegriff. In Phil 3,9 nimmt Paulus dann zwar die zentrale Aussage der Rechtfertigungslehre des Röm auf, dennoch wirkt seine Argumentation angesichts der wahrscheinlichen Beschneidungsforderung seiner Gegner (Phil 3,2ff) im Vergleich mit dem Gal sehr verkürzt.

Natürlich war das Rechtsein des Menschen vor Gott bereits ein Thema in der paulinischen Theologie, bevor es zur Ausbildung der spezifischen Rechtfertigungslehre des Gal und Röm kam. Dies dokumentieren die paulinischen Gerichtsaussagen.[90] So ist schon in der vorpaulinischen Missionspredigt mit dem erwarteten Erscheinen Jesu das Gericht verbunden (vgl. 1 Thess 1,9f; 3,13). Das untadelige Erscheinen ‚vor' (ἔμπροσθεν) dem Herrn (1 Thess 2,19; 3,13) impliziert ein Rechtsverfahren vor dem himmlischen Thron. Die Glaubenden werden vor dem Richterstuhl Christi erscheinen müssen (2 Kor 5,10), der Kyrios selbst nimmt das Endgericht vor und macht das bis dahin Verborgene offenbar (1 Kor 4,4f). Der Zorn Gottes als Ausdruck seines endzeitlichen Handelns (vgl. 1 Thess 1,10; 5,19) wirft die Frage der Rettung und damit auch des Rechtseins des Sünders auf. In der christlichen Gemeinde sollte es eigentlich keinen Rechtsstreit mehr geben, denn die Christen sind durch die Taufe gerecht geworden und werden die Welt, ja sogar die Engel, im Endgeschehen richten (1 Kor 6,1–11). Der ‚Tag' des Herrn (vgl. 1 Thess 5,1–10; 1 Kor 1,7f; 5,5; 2 Kor 1,14) erfordert die Heiligkeit der Gemeinde, denn in dem mit ihm einhergehenden Gerichtsfeuer werden die Werke der Menschen offenbar (1 Kor 3,12–15). Die Gerichtsaussagen des 1 Thess, 1/2 Kor weisen somit das Rechtsein des Menschen coram Deo als ein durchgängiges Thema paulinischer Theologie aus. Zugleich sind diese Aussagen aber keineswegs notwendig mit der spezifischen Rechtfertigungslehre des Gal und Röm verbunden oder nehmen diese bereits inhaltlich vorweg. Vielmehr kann Paulus hier vor allem an die Missionspredigt des hellenistischen Judentums bzw. Judenchristentums anknüpfen,[91] um die Situation des Menschen vor Gott in sehr verschiedenen Rede- und Vorstellungskreisen zum Ausdruck zu bringen. Paulus verbindet auch im Gal und Röm seine spezifische Rechtfertigungslehre mit Gerichtsaussagen (vgl. z.B. Gal 1,8; 5,18–25; Röm 1,17.18 – 3,20; 5,1f.8ff), ohne daß daraus geschlossen werden kann, diese Verknüpfung liege bereits in den vorhergehenden Briefen vor.

Das Fehlen einer begrifflich reflektierten, in den Kontext des jeweiligen Briefes eingebetteten Rechtfertigungslehre im 1 Thess, 1/2 Kor und die

---

[90] Vgl. dazu *E. Brandenburger,* Art. Gericht, 475–478.
[91] Vgl. aaO., 470–474.

Unterschiede zwischen dem Gal und Röm lassen als Schlußfolgerung zu: Das paulinische Gesetzesverständnis ist durch Wandlungen gekennzeichnet, die sich der jeweiligen missionarischen Situation verdanken. Diese Wandlungen sind aber nicht situationsbedingte Applikationen einer im Kern feststehenden Gesetzestheologie, sondern sie bringen jeweils essentiell neue Aussagen. Mit der historisch wie hermeneutisch gleichermaßen zweifelhaften Unterscheidung zwischen der konstanten ‚Sache' und der variablen ‚Gestalt' der paulinischen Rechtfertigungslehre oder dem Argument, die besondere Gemeindesituation in Thessalonich bzw. Korinth habe ein ausführliches Eingehen auf die Gesetzesproblematik nicht erfordert, wird der dargestellte komplexe Textbefund nicht erklärt, sondern letztlich eingeebnet.

Eine indirekte Bestätigung der vorgetragenen Interpretation liefert die Wirkungsgeschichte der paulinischen Rechtfertigungslehre des Gal und Röm. Ihr faktisches Zurücktreten in den Deuteropaulinen dürfte nicht primär durch die Aufgabe apokalyptischer Vorstellungen und das Vordringen ethischer und kirchenrechtlicher Probleme bedingt sein,[92] sondern erklärt sich auch dadurch, daß es sich bei ihr um eine situationsbedingte und polemische Zuspitzung paulinischer Theologie handelt. Weil die Rechtfertigungslehre des Gal und Röm nicht die Mitte und das Zentrum der gesamten paulinischen Theologie ist, wurde sie von den Verfassern der Deuteropaulinen in dieser Form nicht aufgenommen. Andererseits weisen die Deuteropaulinen eine bemerkenswerte Kontinuität zu Paulus auf, denn das Thema Rechtfertigung wird von ihnen durchgehend im Zusammenhang mit Tauftexten behandelt (vgl. Kol 2,12f; Eph 2,5.8–10; Tit 3,3–7; 2 Tim 1,9–11).[93] Damit knüpfen die Deuteropaulinen an Paulus an, für dessen Rechtfertigungslehre insgesamt vorgegebene Tauftraditionen von großer Bedeutung sind (vgl. 1 Kor 1,30; 6,11; Röm 3,25; 4,25; 6,3f).[94]

[92] Diese Hauptgründe führt an *U. Luz,* Rechtfertigung bei den Paulusschülern, 380f.
[93] Vgl. aaO., 369ff.
[94] Vgl. *U. Schnelle,* Gerechtigkeit und Christusgegenwart, 33–106.

6. Israel

Das Verhältnis zu Israel ist für Paulus gleichermaßen ein biographisches und theologisches Problem. Als Pharisäer wurde er in die Überlieferungen der Väter eingewiesen und verfolgte als makelloser Eiferer die christliche Gemeinde (vgl. Gal 1,13.14; Phil 3,5.6). Nun ist er selbst der vehementeste Verfechter jener Anschauungen, die er zuvor als Gotteslästerung ansah und verwarf. Wenn das Heil von den Juden zu den Christen überging, stellt sich mit aller Schärfe die Frage nach dem Verhalten Gottes gegenüber dem Volk Israel und der Gültigkeit seiner Verheißungen. Bereits die älteste Aussage des Apostels zu Israel in 1 Thess 2,14–16 macht das Ineinander von Biographie und Theologie deutlich.

6.1. 1 Thess 2,14–16

Hatte Paulus in 1 Thess 2,1–12 die Nachahmervorstellung von der Gemeinde (vgl. 1,6) auf die Missionare übertragen, die durch ihre beispielhafte Nachahmung Christi keinen Anlaß zum Zweifel an der Glaubwürdigkeit der Botschaft gaben,[1] so betont er in V. 13 wiederum das beispielhafte Verhalten der Thessalonicher, die das Predigtwort der Missionare als Gotteswort annahmen. Das darin zum Ausdruck kommende Motiv des Vorbildes der Gemeinde führt der Apostel in VV. 14–16 unter einem neuen Aspekt weiter. Das Wirken des Wortes Gottes zeigt sich darin, daß die Thessalonicher Nachahmer der judäischen Gemeinden werden, indem sie von ihren Landsleuten dasselbe erleiden, was jene durch die Juden erlitten. In V. 15f wendet sich Paulus ausschließlich den sich dem Christusglauben verschließenden Juden zu. Gegen sie erhebt er unter Aufnahme traditionellen Materials in V. 15 fünf jeweils mit καί (und) verbundene Vorwürfe. Die Anklage in V. 15a, die Juden hätten Schuld am Tod Jesu und der Propheten, hat Parallelen in Mt 23,34–36/Lk 11,49–51; Mk 12,1–9; Apg 7,52 und gibt in der Substanz eine alte kerygmatische Tradition wieder, in der das alttestamentliche Motiv des Prophetenmordes mit dem Tod Jesu verbunden wurde.[2] Durch den Anschluß von καὶ ἡμᾶς ἐκδιωξάντων (und uns verfolgten) stellt Paulus seine eigenen Leiden auf

[1] Vgl. zur Nachahmervorstellung im 1 Thess bes. *H. H. Schade,* Apokalyptische Christologie, 123ff.
[2] Vgl. *T. Holtz,* 1 Thess, 105f.

eine Stufe mit dem Verhalten der Juden gegenüber Jesus und den Propheten. Dürfte auch der Vorwurf, daß die Juden Gott nicht gefallen, auf Paulus zurückgehen,[3] so greift der Apostel mit καὶ πᾶσιν ἀνθρώποις ἐνάντιων (sie sind allen Menschen feind) auf einen Topos antijüdischer Polemik der Antike zurück.[4] Der eigentliche Anlaß für die paulinischen Angriffe wird in V. 16 sichtbar: Die dem Evangelium feindlich gesonnenen Juden behindern die Mission unter den Heiden und damit deren Rettung, so daß ihr Sündenmaß voll ist und nun gilt: ἔφθασεν δὲ ἐπ' αὐτοὺς ἡ ὀργὴ εἰς τέλος[5] (Auf sie ist bereits der Zorn vollständig gekommen). Die Behinderung der Heidenmission hat das Gericht über die Juden gebracht, d.h. die Erwählung ist ihnen genommen worden.

Eine zusammenhängende Tradition läßt sich in V. 15 nicht rekonstruieren, denn καὶ ἡμᾶς ἐκδιωξάντων muß trotz des singulären Wortgebrauches aus inhaltlichen Gründen (ἡμᾶς!) dem Apostel zugeschrieben werden, und auch θεῷ μὴ ἀρεσκόντων (sie gefallen Gott nicht) ist eine paulinische Bildung (vgl. 1 Thess 4,1; Röm 8,8).[6] Zwar sind in V. 16 ungewöhnliche Formulierungen zu konstatieren (ἀναπληρῶσαι τὰς ἁμαρτίας = ‚das Maß der Sünden füllen' ist eine für Paulus singuläre Wendung, vgl. PsPhilo, LAnt 26,13; 36,11; 41,1; und φθάνειν ἐπί τι[να] ... εἰς τέλος findet sich so bei Paulus nicht mehr), aber der Vers ist nicht als unpaulinisch anzusehen. Hinweise auf einen nachpaulinischen Ursprung der VV. 13–16 gibt es nicht.[7] Die teilweise unpaulinischen Wendungen gehen auf die Aufnahme überlieferten Materials zurück, und die Spannungen zu Röm 9 – 11 sind kein ernsthaftes Argument für Interpolationshypothesen, weil Paulus seine Meinung geändert haben kann.

Paulus wirft den Juden vor, was er als Pharisäer selbst tat: Behinderung der rettenden Evangeliumsverkündigung. Agitationen und Nachstellungen der Juden bildeten z.Zt. der Abfassung des 1 Thess offensichtlich die größte Gefahr für die Ausbreitung christlicher Gemeinden, so daß aus dieser historischen Situation die Schärfe der paulinischen Polemik zu

[3] Vgl. aaO., 105.
[4] Vgl. die Texte bei *M. Dibelius,* 1 Thess, 34–36; zur antijüdischen Polemik in der Antike insgesamt vgl. *H. Conzelmann,* Heiden – Juden – Christen, 43ff.
[5] Sowohl die Parallelen Ez 13,13; 2 Chr 12,12; TestLev 6,11 als auch der Aorist ἔφθασεν (er ist gekommen) legen es nahe, εἰς τέλος (zum Ziel, vollständig) im Sinn einer völligen Vernichtung zu verstehen; vgl. *H.H. Schade,* Apokalyptische Christologie, 127. Daß Paulus hier auf ein bestimmtes historisches Ereignis anspielt (*E. Bammel,* Judenverfolgung, 295ff: Judenvertreibung aus Rom unter Claudius) ist unwahrscheinlich.
[6] Gegen *G. Lüdemann,* Paulus und das Judentum, 22.
[7] Zur ausführlichen Auseinandersetzung mit Interpolationshypothesen vgl. *G. Lüdemann,* aaO., 25–27; *I. Broer,* ‚Antisemitismus', 739–746.

erklären ist. Für Paulus hat Gott sein Urteil über die Juden schon gesprochen, sein Zorn ist über sie gekommen.

6.2. *Die Korintherbriefe*

Das Verhältnis des jungen Christentums zu Israel wird im 1 Kor nicht ausführlich thematisiert, lediglich in 1 Kor 10,1ff erscheint die Wüstengeneration als warnendes Paradigma für die korinthischen Enthusiasten.[8] Demgegenüber bietet 2 Kor 3 einen Einblick in das paulinische Selbstverständnis als Apostel und seine christologische Interpretation des Alten Testamentes. Durch die Antithese ‚Buchstabe – Geist' (2 Kor 3,6) markiert Paulus den grundlegenden Unterschied zwischen dem alten und neuen Bund.[9] Die Herrlichkeit des Verkündigungsamtes überragt bei weitem die Herrlichkeit auf dem Angesicht des Mose, die jener mit einer Decke vor dem Volk verhüllen mußte (vgl. Ex 34,29–35).[10] In V. 14 begründet Paulus die Blindheit Israels gegenüber der Herrlichkeit der Christusoffenbarung: ἀλλὰ ἐπωρώθη τὰ νοήματα αὐτῶν (aber ihre Gedanken wurden verstockt). Damit rückt unvermittelt die gegenwärtige Schuld der Israeliten in den Blick. Nicht Mose, sondern sie selbst sind verantwortlich für ihren Unglauben.[11] Indem sie sich der Christusoffenbarung verweigern, bleibt für sie auch das Alte Testament verschlossen, denn die bis zum heutigen Tag auf ihm liegende Decke kann nur in Christus abgetan werden (VV. 14b.15). Erst wenn Israel sich zu Christus bekehrt, wird die Decke vom Alten Testament genommen (V. 16). Für Paulus zielen die alttestamentlichen Verheißungen auf Christus, nur von ihm her ist ein sachgemäßes Verständnis des Alten Testaments möglich. Gott bleibt sich somit treu. Israel hingegen ist verstockt, aber der Apostel rechnet mit der Möglichkeit einer Hinwendung zu Christus, so daß gegenüber 1 Thess 2,14–16 zwei gravierende Veränderungen festzustellen sind: 1. Das endgültige Gerichtsurteil über Israel ist noch nicht gesprochen, Israel kann sich bekehren; 2. das Alte Testament findet in Christus seine Erfüllung, Gott steht in der Kontinuität seiner Verheißungen.

---

[8] Vgl. dazu *U. Schnelle,* Gerechtigkeit und Christusgegenwart, 155f.
[9] Vgl. dazu bereits den Abschnitt 5.1.
[10] *H. Windisch,* 2 Kor, 112, sieht in 2 Kor 3,7–18 einen christlichen Midrasch über Ex 34,29–35; vgl. demgegenüber *V.P. Furnish,* 2 Kor, 229f, der lediglich einen Bezug auf Ex 34,29.30 erkennt und nicht von einem Midrasch sprechen will.
[11] Vgl. *V. P. Furnish,* 2 Kor, 233.

6.3. Der Galaterbrief

Für die Stellung des Apostels zu Israel ist die Wendung Ἰσραὴλ τοῦ θεοῦ (Israel Gottes) in Gal 6,16 von großer Bedeutung. Einen Hinweis auf das Verständnis gibt der Kontext. Die Besonderheit des Postskriptes (Gal 6,11–18) liegt in dem Fehlen persönlicher Grüße. Paulus kommt noch einmal polemisch auf die Gegner zu sprechen (VV. 12–14), um dann in V. 15 sein grundlegendes Credo anzuschließen, wonach weder Beschneidung noch Unbeschnittenheit etwas gilt, sondern allein die neue Existenz in Jesus Christus (vgl. Gal 3,26–28; 1 Kor 7,19; 2 Kor 5,17). Wer mit diesem Kanon übereinstimmt, dem gilt der konditionale (καὶ ὅσοι) Segenswunsch in Gal 6,16. Beachtet man die Funktion von V. 15 als interpretativen Schlüssel zu V. 16, die Korrespondenz des Segenspendens mit dem konditionalen Fluch in Gal 1,8,[12] die Übereinstimmungen mit jüdischen Gebetstexten[13] und den kopulativen Sinn[14] von καί (und) vor ἐπὶ τὸν Ἰσραὴλ τοῦ θεοῦ, dann kann mit Ἰσραὴλ τοῦ θεοῦ nur eine die galatische Gemeinde einschließende Größe gemeint sein: die Gesamtkirche aus Juden und Heiden, sofern sie sich der in V. 15 beschriebenen neuen Existenz des Christen verpflichtet weiß.[15] Sie ist das Israel Gottes, nicht das empirische Israel (vgl. ‚Israel nach dem Fleisch' in 1 Kor 10,18). Diese Interpretation fügt sich in den Aussageduktus des gesamten Briefes ein, denn die Auseinandersetzung mit den Judaisten beinhaltet auch eine scharfe Trennung vom nichtgläubigen Judentum. In Gal 4,25 repräsentiert das irdische Jerusalem das Volk Israel, das nicht nur zum Bereich der Knechtschaft gehört, sondern vom Apostel auf Hagar und Ismael zurückgeführt wird, so daß Abraham und Sara mit dem empirischen Israel in keinem Zusammenhang stehen. Eine schärfere Abgrenzung ist kaum vorstellbar! Schließlich formuliert Paulus als Ertrag der Sara-Hagar-Allegorese in Gal 4,30f seine Sicht des Heilshandelns Gottes: Die Juden wurden von Gott verworfen, und allein die Christen sind Erben der Verheißung.

---

[12] Vgl. *H. D. Betz,* Galatians, 321.

[13] Vgl. die 19. Benediktion des Shemoneh Esreh (bab. Rez.): „Lege Frieden, Glück und Segen, Gnade und Liebe und Erbarmen auf uns und dein Volk Israel"; vgl. *Billerbeck* IV, 214.

[14] Vgl. *H. Schlier,* Gal, 283.

[15] Vgl. *A. Oepke,* Gal, 204f; *H. D. Betz,* Galatians, 322; *G. Lüdemann,* Paulus und das Judentum, 29; *H. Hübner,* Gottes Ich und Israel, 133 (dort auch Kritik an *F. Mussner,* Gal, 416f, der ‚Israel Gottes' von Röm 9 – 11 her interpretiert).

6.4. Der Römerbrief

Die Frage nach der Gültigkeit der an Israel ergangenen Verheißungen angesichts der Offenbarung der Gerechtigkeit Gottes ohne das Gesetz kommt bereits in Röm 1,16; 2,9f ('Ιουδαῖος τε πρῶτον = ‚der Jude zuerst') in den Blick und wird von Paulus in Röm 3,1–8 thematisiert, um dann in Röm 9 – 11 aufgegriffen und ausführlich behandelt zu werden. Hatte der Apostel zuvor die Prärogative Israels scheinbar entwertet, so stellt sich in Röm 3,1–8 erstmals die Frage nach den Vorzügen Israels. Nachdrücklich (πολὺ κατὰ πάντα τρόπον = ‚viel in jeder Weise') bejaht er die herausgehobene Stellung Israels und nennt als erste besondere Gabe die Verheißungen und Weisungen der Schrift (τὰ λόγια τοῦ θεοῦ). Sofort stellt sich Paulus aber einem aus dem vorhergehenden Kapitel resultierenden Einwand: Die Treue Gottes wird durch die Untreue einiger aus dem Volk Israel nicht aufgehoben. Gottes Wahrhaftigkeit bleibt auch angesichts menschlicher Ungerechtigkeit bestehen. Diesen Grundgedanken variiert der Apostel, indem er durch eine dialogartige Beweisführung mögliche Schlußfolgerungen seiner Gegner ad absurdum zu führen versucht.[16] Allerdings ist seine Argumentation nicht fortlaufend (dem πρῶτον μέν = ‚zum ersten' fehlt eine Fortsetzung!) und stringent, denn die in V. 2a bejahte Frage nach den Vorzügen der Juden wird in V. 9 schroff verneint. Dies zeigt den exkursartigen Charakter von Röm 3,1–8;[17] Paulus behandelt hier ein Thema in überaus geraffter Form, das nicht so recht in den von ihm vorgegebenen Gedankengang (Gegenüber von Sünde und Gottes Gerechtigkeit) passen will. Andererseits verdeutlichen Röm 1,16; 2,9f; 3,1–8, daß der Apostel Paulus die Problematik von Röm 9 – 11 von Anfang an bei der Konzeption des Briefes im Blick hatte.[18] Den sachgemäßen Ort für die Behandlung der Thematik sieht Paulus nach seinem Ausblick auf das erlösende Ende der Schöpfung und des Menschen in Röm 8,18–39 gekommen, denn das Schicksal Israels ist ein Bestandteil des endzeitlichen Handelns Gottes.

Das übergreifende Thema von Röm 9 – 11 ist die Frage nach der in Jesus Christus erschienenen Gerechtigkeit Gottes und damit der Treue Gottes angesichts der an Israel ergangenen Verheißungen (Röm 9,14ff; 10,3ff).[19] Gottes Gerechtigkeit steht auf dem Spiel, wenn die Erwählung Israels, die

---

[16] Zur Analyse vgl. *U. Wilckens,* Röm I, 161ff.
[17] Vgl. *U. Luz,* Zum Aufbau von Röm 1 – 8, 169.
[18] Vgl. *U. Luz,* ebd.; *W. G. Kümmel,* Die Probleme von Röm 9 – 11, 246ff.
[19] Vgl. *U. Luz,* Geschichtsverständnis, 36; *H. Räisänen,* Römer 9 – 11, 2893.

Verheißungen an die Väter und die Bundesschlüsse nicht mehr gelten sollten (Röm 9,5). Dann wäre das Wort Gottes in der Tat hinfällig (Röm 9,6). Paulus freilich behauptet das Gegenteil. Die Erwählung gilt, die Verheißungen bestehen, aber Israel ist angesichts der Offenbarung Gottes in Jesus Christus in die Krisis geraten. Diese Offenbarung als theologischer Ausgangspunkt der Erörterungen in Röm 9 – 11 ist die Krisis jeglichen falsch verstandenen Vorzuges, und es geht Paulus darum, angesichts der Treue Gottes die Untreue Israels zu zeigen. Gott steht in der Kontinuität seiner Verheißungen, er erweist seine Treue trotz der Untreue Israels, er ist ein gerechter Gott.

Paulus legt dies in einem dialektisch bestimmten, ständig neue Gesichtspunkte aufgreifenden und die Betrachtungsweisen wechselnden Gedankengang dar. Zunächst bekundet er in einer persönlich gehaltenen Einleitung (Röm 9,1–5) tief empfundenen Schmerz über seine jüdischen Volksgenossen. Dabei hebt Paulus in V. 4f die Vorzüge Israels prägnant hervor, um sich in V. 6a der entscheidenden Sachfrage zu stellen: Sind die Verheißungen Gottes angesichts der Verweigerung Israels gegenüber der Offenbarung Gottes in Jesus Christus hinfällig geworden? Da der Apostel die Gültigkeit des Wortes Gottes behaupten will und muß, ist er gezwungen, den Begriff ‚Israel' in V. 6b neu zu definieren:[20] οὐ γὰρ πάντες οἱ ἐξ Ἰσραὴλ οὗτοι Ἰσραήλ (Denn nicht alle, die aus Israel stammen, sind Israel). Diese Unterscheidung[21] zwischen dem Israel nach dem Fleisch und dem wahren Israel der Verheißung (Röm 9,8), den Judenchristen,[22] expliziert Paulus zunächst an der Gestalt Isaaks (VV. 7–9). Nicht das leibliche Sohnsein, sondern allein die Verheißung garantiert die wahre Nachkommenschaft Abrahams. Als weiteres Beispiel dient die Berufung Jakobs (VV. 10–13), die Gottes freies Erwählungshandeln illustriert. So wie Gott damals ohne Anrechnung der Werke (V. 12a) Jakob berief und Esau zurücksetzte, so tut er es heute mit den Judenchristen und Juden.[23] Die nicht hinterfragbare Freiheit des berufenden Gottes[24] führt Paulus in VV. 14–29 weiter aus, indem er Gottes Souveränität (V. 18: ‚So erbarmt er sich, wessen er will, und er verhärtet, wen er will') dem (eigentlich nicht erlaubten) Fragen des Menschen gegenüberstellt (VV. 19–23), um dann mit der erstmaligen Erwähnung der Heiden in V. 24 die Argu-

---

[20] Vgl. *H. Hübner,* Gottes Ich und Israel, 17.
[21] Eine Sachparallele findet sich in 1QS 6,13f–14; 8,9.
[22] Vgl. *H. Hübner,* Gottes Ich und Israel, 17.
[23] Vgl. aaO., 28.
[24] Vgl. dazu den Exkurs: Berufender Gott – berufener Mensch, aaO., 31–35.

mentation voranzutreiben. Nicht nur die Berufung der Judenchristen, sondern auch die der Heidenchristen ist ein Werk des in Freiheit berufenden Gottes und somit Gottes bereits in der Schrift kundgetaner Wille (VV. 25–29).[25]

Im zweiten Großabschnitt Röm 9,30 – 10,21[26] wendet sich Paulus dem Verhalten Israels gegenüber der Glaubensgerechtigkeit zu. Anders als die Heiden hat sich Israel der Glaubensgerechtigkeit verschlossen und den aussichtslosen Versuch unternommen, die Gerechtigkeit aus Werken zu erlangen (VV. 30–33). Dennoch beteuert der Apostel noch einmal seinen Wunsch nach Israels Rettung (10,1). Er konstatiert Israels Eifer für Gott, dem aber die Erkenntnis fehlt, weil er auf die Errichtung der eigenen Gerechtigkeit zielt (V. 2f). Retten kann allein der Glaube an Jesus Christus, der im Bekenntnis Gestalt gewinnt (V. 10). Entschuldigen kann sich Israel nicht (V. 18), denn die Boten des Evangeliums waren in allen Landen unterwegs und verkündigten die Glaubensgerechtigkeit (VV. 14–17). Warum bekehrte sich Israel dann aber nicht? Eine erste Antwort auf diese naheliegende Frage gibt Paulus in VV. 19–21 mit drei alttestamentlichen Zitaten, um sich dann in 11,1 dem entscheidenden theologischen Problem zu stellen: Hat Gott sein Volk verstoßen? Entschieden weist der Apostel diese Möglichkeit zurück, um danach seine Antwort zu geben: Gott hat sich aus Gnade einen Rest, die Judenchristen,[27] erwählt, das übrige Israel hingegen ist verstockt (VV. 5–7).[28] Doch ist die Situation für das ungläubige Israel nicht aussichtslos, denn durch den Übergang des Heils zu den Heiden soll Israel gereizt werden, auch das Evangelium anzunehmen (V. 11). Darin sieht Paulus das Ziel seiner Arbeit als Heidenapostel, er hofft, durch die Heidenmission einige seiner Landsleute retten zu können. So warnt er die Heidenchristen vor Überheblichkeit gegenüber den Juden (VV. 17–24), weil diese wieder in den Ölbaum eingepfropft werden können, ἐὰν μὴ ἐπιμένωσιν τῇ ἀπιστίᾳ (V. 23: ‚wenn sie nicht im Unglauben verharren'). Die Verstockung eines Teils Israels währt nur so lange, bis die Fülle der Heiden bekehrt ist, und so gilt:[29] πᾶς

---

[25] Zu den Einzelheiten der Zitate vgl. *H. Hübner,* Gottes Ich und Israel, 56–58; *D.A. Koch,* Die Schrift als Zeuge, 145–149.166ff.

[26] Zum Nachweis vgl. *H. Hübner,* Gottes Ich und Israel, 60.

[27] Vgl. *U. Wilckens,* Röm II, 238.

[28] Zu der unterschiedlichen Verwendung des Restmotives gegenüber Röm 9,27ff vgl. *H. Hübner,* Gottes Ich und Israel, 101f.

[29] Zum Verständnis von καὶ οὕτως (und dann) vgl. die Diskussion der Möglichkeiten bei *H. Hübner,* Gottes Ich und Israel, 110; *O. Hofius,* Evangelium und Israel, 314f.

Ἰσραὴλ σωθήσεται (V. 26a: ‚Ganz Israel wird gerettet werden').[30] Dieser Spitzensatz paulinischer Eschatologie und Soteriologie wirft zahlreiche Probleme auf. Unzweifelhaft ist zunächst der Zeitpunkt des angesagten Geschehens, da sich V. 26b auf das Kommen Christi bei der Parusie bezieht.[31] Bei der Deutung von πᾶς Ἰσραήλ sind der nähere Kontext und die korrespondierende Wendung πλήρωμα τῶν ἐθνῶν (Fülle der Heiden) ausschlaggebend. In V. 20 wird als Grund für den Ausschluß Israels vom Heil der Unglaube genannt, dessen Überwindung in V. 23 als Bedingung für das Eingehen Israels ins Heil erscheint. Insbesondere V. 23 macht somit eine Interpretation von V. 26a jenseits des Christusglaubens unmöglich.[32] In V. 25b umfaßt πλήρωμα nicht die Vollzahl der Heidenchristen, denn nur dann behalten der paulinische Glaubensbegriff und die Gerichtspredigt des Apostels ihre Gültigkeit. Ebenso beinhaltet πᾶς Ἰσραήλ nicht einfach das ethnische Israel, vielmehr nur jenen Teil Israels, der bei der endzeitlichen Heilszuwendung Gottes zum Glauben gekommen ist. Neben V. 23 legen auch die Unterscheidung zwischen dem Israel der Verheißung und dem Israel nach dem Fleisch in 9,6 sowie die Bemerkung des Apostels in Röm 11,14b, er hoffe einige seiner Landsleute zu retten (καὶ σώσω τινὰς ἐξ αὐτῶν), diese Interpretation nahe.[33]

Schließlich macht der Gebrauch von σῴζειν/σωτηρία (retten/Rettung) deutlich, daß es eine Rettung jenseits des Glaubens für den Apostel nicht gibt.[34] In Röm 1,16 gilt die Rettung allein dem Glaubenden, dem Juden zuerst und dem Griechen. Die Determination von σωτηρία durch δικαιοσύνη θεοῦ und πίστις in der theologischen Fundamentalaussage Röm 1,16.17 bleibt für das weitere Verständnis bestimmend. In Röm 5,9.10 wird die Glaubensgerechtigkeit mit dem Blut Christi parallelisiert, das die Rettung vor dem kommenden Zorn

---

[30] Zur Struktur von VV. 25–27 vgl. *F. Hahn*, Zum Verständnis von Röm 11,26a, 227; *U. Luz*, Geschichtsverständnis, 288f.

[31] Vgl. *U. Wilckens*, Röm II, 256.

[32] Vgl. zur Bedeutung von V. 23 auch *F. Hahn*, Zum Verständnis von Röm 11,26a, 228f. V. 23 spricht entscheidend gegen die These *F. Mussners*, ‚Ganz Israel wird gerettet werden', 241ff, Paulus zeige in Röm 11,26a einen ‚Sonderweg' Israels zum Heil auf. Einen weiteren Lösungsvorschlag bietet *O. Hofius*, Evangelium und Israel, 319, wonach ‚ganz Israel' weder durch die Predigt des Evangeliums noch durch einen ‚Sonderweg' zum Heil gelangt. „Israel wird vielmehr aus dem Munde des wiederkommenden Christus selbst das Evangelium vernehmen, – das rettende Wort seiner Selbsterschließung, das den Glauben wirkt, der Gottes Heil ergreift." Auch Hofius muß die Bedeutung von Röm 11,20.23 herunterspielen (vgl. aaO., 310), um seiner These Glaubwürdigkeit zu verschaffen.

[33] Vgl. *F. Hahn*, aaO., 229.

[34] Vgl. *H. Hübner*, Gottes Ich und Israel, 117.

ermöglicht. Aufschlußreich ist die Form σωθήσεται im Jes-Zitat in Röm 9,27, da sie ausdrücklich nur auf einen Rest Israels bezogen wird und damit das Verständnis von σωθήσεται in 11,26a präjudiziert. Zudem betont Röm 10,9–13 nachdrücklich, daß allein der Glaube an Jesus Christus die Rettung verbürgt.

Paulus erwartet nach Röm 11,25–27 ein Handeln Gottes im Endgeschehen, das zu einer Bekehrung und damit zur Rettung Israels führt.[35] Er sieht darin die Treue und Identität Gottes gewahrt, der Israel nicht für immer verstoßen hat, sondern Juden und Heiden gleichermaßen dem Ungehorsam unterwarf, um sich ihrer in Jesus Christus zu erbarmen (vgl. 11,32). Gott ist gerecht, es liegt allein am Menschen, ob er sich im Glauben der Gerechtigkeit Gottes öffnet und gerettet wird oder im Unglauben verharrt.

6.5. Folgerungen

Die Behinderung seiner Heidenmission führt Paulus in 1 Thess 2,14–16 zu dem definitiven Urteil, der Zorn Gottes sei bereits über die Juden gekommen. Demgegenüber rechnet der Apostel in 2 Kor 3,16 mit der Möglichkeit einer Bekehrung Israels und interpretiert das Alte Testament christologisch. In der Auseinandersetzung mit den galatischen Judaisten gebraucht Paulus das einzige Mal die Wendung Ἰσραὴλ τοῦ θεοῦ (Gal 6,16), um mit ihr die Gesamtkirche aus Juden- und Heidenchristen zu bezeichnen und zugleich deutlich zu machen, daß allein die Christen Erben der Verheißung sind. Ein völlig anderes Bild zeigt sich in Röm 9 – 11. Hier verwendet Paulus Ἰσραήλ als Ehrentitel auch zur Bezeichnung der ungläubigen Juden (Röm 9,6.31; 10,19.21; 11,2.7). Dieser terminologischen Verschiebung entspricht eine neue Sachposition: Paulus erwartet ein Handeln Gottes im Endgeschehen, das zur Bekehrung Israels führen wird (Röm 11,25f).
Die Stellung des Apostels gegenüber Israel hat sich radikal verändert. 1 Thess 2,14–16 ist mit Röm 11,25f unvereinbar, so daß von einer Revision der paulinischen Haltung gesprochen werden muß.[36] Während

[35] Vgl. *E. Käsemann,* Röm, 295: „Seine (sc. Israels, U.S.) Gesamtbekehrung wird zweifellos erwartet, ist jedoch daran gebunden, daß das Heil zuvor zu den Heiden gekommen ist."

[36] Vgl. in diesem Sinn *H. Räisänen,* Römer 9 – 11, 2925; *G. Lüdemann,* Paulus und das Judentum, 41f. Auch *U. Wilckens,* Röm II, 209 betont zu Recht, daß „das Ergebnis des ersten Gedankenschritts in Röm 9 (wie dann auch das des zweiten

Gott dort sein Volk bereits verstoßen hat, wird er es hier noch retten. Alle Harmonisierungsversuche sind zur Erklärung dieser Spannung ungeeignet und verdecken nur die geschichtliche Wahrheit. Warum revidierte Paulus sein Urteil über Israel? Zunächst muß die Situationsbedingtheit der Aussagen bedacht werden. Die Polemik in 1 Thess 2,14–16 ist allein durch die jüdische Behinderung der Heidenmission bedingt. Schon 2 Kor 3 zeigt, daß eine neue Situation für Paulus wieder andere Aussagen zuließ. Dies bestätigt der Gal, wo die Konfrontation mit den Judaisten die theologische Bewertung Israels notwendigerweise beeinflussen mußte. Schließlich spricht der Röm selbst für den situationsbedingten Wandel der paulinischen Haltung, denn hier stellt sich Paulus einer ihm unbekannten Gemeinde vor, in der es offenbar Auseinandersetzungen zwischen Juden- und Heidenchristen gab (vgl. Röm 14,1 – 15,13) und von der er annehmen mußte, daß seine judaistischen Gegner in ihr nicht ohne Einfluß waren. Hinzu kommt die persönliche Lage des Apostels: Er sieht seine Mission im Osten als beendet an (Röm 15,23) und will die Kollekte nach Jerusalem bringen, um dann seine Arbeit im Westen fortzusetzen (Röm 15,24ff). Sowohl die Kollekte als sichtbares Einheitsband zwischen Juden- und Heidenchristen als auch das faktische Übergewicht der Heidenchristen in den bisherigen Missionsgebieten nötigten Paulus zu einem neuen Nachdenken über das Schicksal Israels. Mit der Existenz der Urgemeinde als heiligem Rest Israels verband sich unauflöslich die theologische Frage nach dem Schicksal jenes Teils Israels, der sich bisher der Christusoffenbarung verweigerte. Wenn Paulus entgegen der Ankündigung in 1 Kor 16,3 selbst nach Jerusalem zog, um seinen nicht ungefährlichen (vgl. Röm 15,31) Dienst an der dortigen Gemeinde zu verrichten, dann stellte sich ihm auch das theologische Problem der Treue und Gerechtigkeit Gottes gegenüber Israel, das zu seinem größten Teil im Unglauben verharrte. Dies um so mehr, als die Judaisten in Galatien sicherlich in Kontakt mit der Urgemeinde standen, so daß theologische Auseinandersetzungen um die Einhaltung des Gesetzes und der Beschneidung und somit auch um die theologische Bedeutung Israels zu erwarten waren.

Schrittes in Röm 10) durch den Zielgedanken in Röm 11 aufgehoben werden". Gegen eine solche Sicht wenden sich *T. Holtz*, 1 Thess, 108–113; *E. Brandenburger*, Paulinische Schriftauslegung, 43–47. Während Brandenburger die innere Einheit von Röm 9 – 11 betont, sieht Holtz keinen grundsätzlichen Widerspruch zwischen 1 Thess 2,14–16 und Röm 9 – 11, denn 1 Thess 2,16 „schreibt das Gericht über die Juden nicht für das Eschaton fest" (1 Thess, 110). Dem widerspricht allerdings deutlich der Aorist ἔφθασεν in 1 Thess 2,16, der einen bereits eingetretenen und gültigen Sachverhalt konstatiert.

Zudem war Paulus zu einer veränderten Sicht seiner Heidenmission gelangt. Diente ihre Behinderung in 1 Thess 2,14–16 noch als Anlaß zu heftiger Polemik, so kommt ihr nun nach ihrem Ende im Osten des Reiches eine neue Funktion zu: Durch sie sollen die Juden zur Nachahmung gereizt werden, damit sie zum Glauben kommen und so gerettet werden (Röm 11,13–15). Die paulinische Heidenmission hatte immer eine Kirche aus Heiden- *und* Judenchristen vor Augen, so daß dem Apostel die absehbare Entwicklung zu einer fast rein heidenchristlichen Kirche nicht gleichgültig sein konnte.
Schließlich: Für Paulus war das Schicksal Israels Testfall der δικαιοσύνη θεοῦ überhaupt, so daß ein innerer Sachzusammenhang zwischen dem Entstehen der spezifisch paulinischen Rechtfertigungslehre und seiner neuen Position zu Israel vermutet werden darf. Wenn Gott nicht in der Kontinuität seiner Verheißungen steht, wie soll dann glaubhaft das Evangelium verkündigt werden? Es geht somit letztlich in Röm 9 – 11 um die Gottheit Gottes, um seine Gerechtigkeit und Treue angesichts menschlicher Untreue. Paulus versichert, daß Gott sich selbst treu bleibt und im Endgeschehen Israel zur Bekehrung und damit zur Rettung führen wird. Er gesteht damit zugleich ein, daß dieses Problem in der Gegenwart von Menschen nicht gelöst werden kann, sondern es einer außerordentlichen Tat Gottes in der Zukunft bedarf.

7. Weitere Wandlungen im paulinischen Denken

Innerhalb der paulinischen Eschatologie, dem Gesetzesverständnis und dem Verhältnis des Apostels zu Israel lassen sich über das gesamte paulinische Schrifttum hinweg substantielle Wandlungen nachweisen. Darüber hinaus sind innerhalb der Anthropologie, der Ethik und des paulinischen Missionsverständnisses in einem begrenzten Maß Veränderungen feststellbar.

So fehlen im 1 Thess alle zentralen anthropologischen Begriffe (σάρξ = ‚Fleisch', ἁμαρτία[1] = ‚Sünde', θάνατος = ‚Tod', ἐλευθερία = ‚Freiheit', ζωή = ‚Leben'). Auch dem Gebrauch von σῶμα (Leib) in der trichotomisch klingenden Wendung τὸ πνεῦμα καὶ ἡ ψυχὴ καὶ τὸ σῶμα (der Geist und die Seele und der Leib) in 1 Thess 5,23 liegt keine reflektierte Anthropologie im Sinn der späteren Briefe zugrunde, sondern Paulus hebt lediglich hervor, daß Gottes heiligendes Wirken den ganzen Menschen betrifft.[2] Eine Erklärung für das offensichtliche Fehlen einer ausgearbeiteten christlichen Anthropologie im 1 Thess liefert ein Vergleich der eschatologischen Aussagen in 1 Thess 4,13–18 und 1 Kor 15,12ff[3].

Paulus sieht sich in Korinth einer Infragestellung der allgemeinen Totenauferstehung gegenüber und muß auf eine gegenüber 1 Thess 4,13–18 gewandelte geschichtliche Situation antworten. In Korinth gehört die Möglichkeit des Sterbens vor der unmittelbar bevorstehend geglaubten Ankunft des Herrn zur Gemeindewirklichkeit, so daß auch Christen in die Vergänglichkeit alles Seienden miteingeschlossen sind und ihre Sonderstellung wohl in einer begründeten Hoffnung, nicht aber in einer sichtbaren Veränderung besteht. Der Tod als nun akutes theologisches Problem bewirkte nicht nur das Bewußtsein der Geschichtlichkeit der jungen Gemeinde, er erforderte auch von seiten des Apostels eine der veränderten Situation angemessene neue Argumentation. Sie liegt im 1 Kor in Form einer antithetischen Anthropologie vor! Die paulinische Beweisführung in 1 Kor 15 unterscheidet sich von der in 1 Thess 4,13–18 weder grundsätzlich in der christologischen Grundlegung noch in der

---

[1] Der Plural ἁμαρτίαι (Sünden) in 1 Thess 2,16 bezieht sich auf die Juden und hat keine anthropologische Bedeutung.

[2] Vgl. zur Begründung *U. Schnelle,* Entstehung der paulinischen Anthropologie, 217.

[3] Vgl. aaO., 214ff.

Handhabung des apokalyptischen Inventars, sondern nur durch die in 1 Kor 15 neu hinzugekommene und dominierende anthropologische Argumentation. Gegenüber einer dualistischen Anthropologie, die in Verbindung mit einer präsentischen Eschatologie die Erlangung des ‚Lebens' für den höheren Teil des Menschen bereits in der Gegenwart behauptet und den Tod lediglich als Vernichtung des niederen Teils des Menschen versteht,[4] sieht Paulus in der Leiblichkeit die Grundbedingung sowohl der irdischen als auch der himmlischen Existenz. Weil der Tod von Christen vor der Parusie des Herrn nicht mehr die Ausnahme ist, sieht Paulus sich gezwungen, dieses Problem auf der Basis einer die individuelle irdische wie himmlische Existenz definierenden Anthropologie zu lösen. Im 1 Thess hingegen fehlen alle wichtigen anthropologischen Termini, weil sich hier die Problematik des Todes und der Geschichtlichkeit christlicher Existenz erst andeutet und noch nicht voll in das Bewußtsein getreten ist. Erst die Verzögerung der unmittelbar nah geglaubten Parusie und die dadurch notwendig gewordene theologische Bewältigung des Todes von Christen vor der Ankunft des Herrn erfordern die Ausarbeitung einer die jeweilige individuelle Existenzweise beschreibenden antithetischen Anthropologie.

Auch innerhalb der paulinischen Ethik nimmt der 1 Thess eine gewisse Sonderstellung ein. Die für die späteren Paulusbriefe eigentümliche Verschränkung von Aussagen über das göttliche Handeln am Menschen (Indikativ) und das daraus resultierende Handeln des Menschen (Imperativ) findet sich in der üblichen reflektierenden Zuordnung (vgl. 1 Kor 5,7; Gal 5,25; Röm 15,7; Phil 2,12.13 u. ö.)[5] im 1 Thess nicht. Vielmehr bildet hier die Parusie den Horizont der Ethik. Weil die Ankunft des Herrn unmittelbar bevorsteht (vgl. 2,19; 3,13; 4,15; 5,23), fordert Paulus die Thessalonicher mit Nachdruck auf, untadelig (ἄμεμπτος 3,13; 5,23) und in Heiligkeit (vgl. 3,13; 4,3.4.7; 5,23) zu wandeln. Die Parusie verweist hier zur Motivierung der ethischen Forderung nicht primär auf das vergangene Christusgeschehen, sondern auf das unmittelbar bevorstehende Endgeschehen.

Paulus vertrat wahrscheinlich nicht von Anfang an ein völlig eigenständiges und weltweites Missionskonzept, so wie es insbesondere in seinen späteren Briefen deutlich hervortritt (vgl. z.B. Röm 1,5; 11,13).[6] Zu-

[4] Vgl. *H. H. Schade*, Apokalyptische Christologie, 192.
[5] Vgl. dazu *U. Schnelle*, Gerechtigkeit und Christusgegenwart, 103–106.152–157; *W. Schrage*, Ethik, 156ff.
[6] Vgl. *J. Roloff*, Art. Apostel, 436.

nächst war Paulus Vertreter eines charismatischen Wanderapostolats, was die in Apg 13,1–3 geschilderte Beauftragung und Bevollmächtigung in Antiochia zeigt.[7] Erst allmählich bildete sich jenes Missionsverständnis heraus, das Paulus bei seiner Schilderung des Apostelkonvents voraussetzt. Er ist nun nicht mehr Gemeindeapostel, sondern betont die ihm zuteil gewordene unmittelbare Geistweisung (Gal 2,2). Sein Heidenapostolat steht gleichberechtigt neben den Jerusalemer Autoritäten, die Christophanie bei Damaskus in einer Reihe mit den Erscheinungen des Auferstandenen vor den Jüngern.

[7] Zum traditionellen Charakter von Apg 13,1.2 vgl. *A. Weiser*, Apg II, 304–306.

8. Die Kontinuität im Wandel

Die Wandlungen im paulinischen Denken verdeutlichen, daß die Theologie des Apostels nicht auf einmal ‚da' war. Wie alles Geschichtliche ist die paulinische Theologie einem Werden unterworfen, das sich in den dargelegten Wandlungen dokumentiert. Diese Wandlungen lassen eine innere Folgerichtigkeit erkennen, weil sie sich wesentlich der sich ändernden geschichtlichen Situation verdanken, indem die neue Situation auch substantiell neue Aussagen forderte. Dies ist nur natürlich, denn das theologische Denken ist wie alles Denken unabdingbar in die historische Situation eingebettet und aus ihr heraus zu erklären. Damit soll die Theologie des Apostels Paulus nicht auf bloße situationsbedingte Aussagen reduziert bzw. relativiert werden. Die Benennung des historischen Ortes einer Aussage entscheidet nicht zugleich über ihre theologische Relevanz. So ist die Rechtfertigungslehre historisch betrachtet eine stark situationsbedingte Spätform paulinischer Theologie. Sie ist aber keineswegs nur eine antijüdische Kampfeslehre oder ein Nebenkrater paulinischen Denkens, wie William Wrede[1] und Albert Schweitzer[2] meinten, die leider richtige historische Erkenntnisse mit theologischen Werturteilen verbanden. Nicht ihre Entstehung entscheidet über den Wert der paulinischen Rechtfertigungslehre, sondern ihre Fähigkeit, das Christusgeschehen sachgemäß auszulegen.

Schließlich: Die Wandlungen im paulinischen Denken vollziehen sich auf der Basis theologischer Grundüberzeugungen, die die gesamte paulinische Theologie in mannigfaltiger Ausgestaltung durchziehen: Durch den Tod und die Auferstehung Jesu Christi hat Gott selbst die Wende der Zeiten herbeigeführt (vgl. 1 Thess 1,10; 4,14; 1 Kor 15,3–5; 2 Kor 4,14; 5,15; 13,4; Gal 1,1; Röm 6,3ff; Phil 3,10f u.ö.). Der Tod als eschatologischer Gegenspieler Gottes ist entmachtet, und die Gnadengabe des Glaubens ermöglicht dem Menschen die Teilhabe am Heilswerk Gottes. In Jesus Christus eröffnet sich die Möglichkeit der endzeitlichen Rettung (vgl. 1 Thess 5,8f; 1 Kor 5,5; 2 Kor 6,2; Gal 4,5; Röm 1,16; Phil 2,12) vor dem kommenden Zorn des Richters. Sie vollzieht sich in der Annahme der Gnadenbotschaft des vom Apostel verkündigten Evangeliums. Die glaubende Gemeinde darf sich ihrer Erwählung und Berufung sicher sein, die sich in der Heilsgabe des Geistes manifestiert. Der Geist hat für Paulus

---

[1] Vgl. *W. Wrede*, Paulus, 67.

[2] Vgl. *A. Schweitzer*, Mystik, 220.

und seine Gemeinden überragende Bedeutung, weil der Herr selbst seit der Auferstehung im Pneuma und als Pneuma an den Seinen wirkt (vgl. 1 Kor 15,45; 2 Kor 3,17; Röm 1,3b–4a).[3] Die wahrnehmbare Anwesenheit des Geistes ist für Paulus ein Zeichen der Lebendigkeit der Gemeinde, die Gegenwart des Auferstandenen zeigt sich in der Geistgegenwart. Bereits der älteste Paulusbrief dokumentiert diesen fundamentalen Sachverhalt. Die Gründung der Gemeinde in Thessalonich vollzog sich in der Kraft des Heiligen Geistes (1,5), und ihre Fähigkeit zum Nachahmersein in der Bedrängnis verdanken die Thessalonicher dem Wirken des Geistes. Er ermöglichte die freudige Annahme des Wortes in der Drangsal (1,6). Dieses heilschaffende Handeln des Geistes bezieht sich keineswegs nur auf die Vergangenheit, sondern Gott gibt (Part. Präs. διδόντα in 1 Thess 4,8; vgl. 2 Kor 1,21 βεβαιῶν) den Geist[4] und ermöglicht und bewahrt damit die Existenz der Gemeinde in Thessalonich. So kann Paulus den Thessalonichern zurufen: ‚Den Geist dämpft nicht' (1 Thess 5,19).
Die Verleihung des Geistes vollzieht sich in der Taufe (vgl. 1 Thess 5,4–10; 1 Kor 6,11; 12,13; 2 Kor 1,21f; Gal 5,24f; Röm 5,5), die den Beginn der eschatologischen Existenz markiert. Die pneumatische Existenz ist Folge und Wirkung des Taufgeschehens, wo sich das Empfangen des Geistes ereignet (1 Kor 2,12; 2 Kor 11,4; Gal 3,2.14; Röm 8,15). Der Geist prägt von nun an wirkungsmächtig das Leben des Glaubenden. Bestimmend ist der Geist zuallererst als Gabe der Endzeit.[5] Der Geist ist als ἀρραβών (Unterpfand) in die Herzen der Glaubenden gegeben, um die in der Taufe erfolgte Neuschöpfung des Menschen zu bestätigen (2 Kor 1,21f), er bürgt für das auf den Christen wartende Haus in den Himmeln, in dem er der Nichtigkeit nicht preisgegeben sein wird (2 Kor 5,5). Er ist die ἀπαρχή (Erstlingsgabe) Gottes für das kommende eschatologische Geschehen (Röm 8,23), so wie Christus selbst als Erstling der Entschlafenen (1 Kor 15,20.23) Garant der zukünftigen Ereignisse ist. Die Gegenwart des Geistes zeugt von dem bereits erlangten Heil und bürgt für die zukünftige, vollständige Erlösung. Im Geist hat der Glaubende

[3] Vgl. *U. Schnelle,* Gerechtigkeit und Christusgegenwart, 126ff; *E.P. Sanders,* Paulus, 421ff.

[4] Zuallererst ist es Gott, der nach paulinischer Vorstellung den Geist verleiht (vgl. 1 Thess 4,8; 2 Kor 1,21f; 1 Kor 7,40; Röm 5,5; Gal 4,6 u.ö.). Zugleich wirkt aber auch Christus im Pneuma und als Pneuma an den Gläubigen (vgl. neben 1 Kor 15,45; 2 Kor 3,17f bes. 1 Kor 6,17; 12,13; Röm 8,9; Phil 1,19; beachte ferner die Parallelität von ‚in Christus' und ‚im Geist').

[5] Vgl. *H. D. Wendland,* Das Wirken des Heiligen Geistes, 458f.

Zugang zu Gott, darf er ihn ‚Vater'[6] nennen, erlangt er die Sohnschaft. Er ist durch den Geist Kind Gottes, Erbe der Verheißungen Gottes, und der Geist bestätigt ihm dies (Gal 4,6f; Röm 8,14–17). Der Geist befreit von der versklavenden Macht des Gesetzes (Gal 5,18) und ist Kraft (ἐν πνεύματι = ‚im Geist') und Norm (κατὰ πνεῦμα = ‚nach Maßgabe des Geistes') des christlichen Lebens (vgl. Gal 5,25). Schließlich kommt der Geist den Glaubenden in ihrer Schwachheit zu Hilfe, er selbst (1 Kor 12,4: αὐτὸ τὸ πνεῦμα) wirkt im Gottesdienst in den Gläubigen, Glossolalie und Akklamation sind wirkungsmächtige Zeichen seiner Anwesenheit (Röm 8,26–27). Gott eröffnet sich dem Menschen im Geist, er wirkt in den Gläubigen durch den Geist. Besonders deutlich wird dies bei den Geistesgaben als sichtbaren Zeichen der Geistgegenwart: Paulus ist kein Gegner der Geistesgaben, ekstatische und thaumaturgische Phänomene sind für ihn selbstverständliche Manifestationen göttlichen Handelns in und an der Gemeinde. So ruft er den Korinthern zu ζηλοῦτε δὲ τὰ πνευματικά (1 Kor 14,1: ‚Strebt nach den Geistesgaben'). Freilich ist diese Bejahung nicht mit einem unkritischen Enthusiasmus zu verwechseln, sondern Paulus bindet die Geistesgaben an Normen und Ziele. Zeichen der Geistbegabung ist für ihn primär das Bekenntnis zum Herrn Jesus Christus, nur wer in dieses Bekenntnis einstimmt, ist vom Geist ergriffen (1 Kor 12,3).[7] Dabei zeigt die pointierte Voranstellung des Bekenntnisses zum Kyrios, daß in 1 Kor 12,4ff das Wirken des Kyrios im Mittelpunkt steht, wobei auch hier die Einheit von Kyrios und Pneuma vorausgesetzt wird.[8]

Mit dem πνεῦμα (Geist) unmittelbar verbunden ist die ἐν Χριστῷ (‚in Christus')-Vorstellung. Bereits im 1 Thess voll entfaltet, kann sie als ein weiteres Kontinuum paulinischer Theologie gelten. In seiner Grundbedeutung ist das paulinische ‚in Christus' lokal-seinshaft zu verstehen: In der Taufe gelangt der Christ in den Raum des pneumatischen Christus, konstituiert sich seine neue Existenz und wird der Geist als Angeld verliehen (vgl. 1 Thess 4,16; Gal 3,26–28; 1 Kor 1,30; 2 Kor 5,17a; Röm 6,11; 8,1; 12,5).[9] Aus dieser realistischen Grundanschauung läßt sich die

[6] Vgl. zu ἀββὰ ὁ πατήρ *H. Paulsen,* Röm 8, 88–94.

[7] Damit ist ein kritisches Unterscheidungsmerkmal zu heidnischen Geistphänomenen angegeben, vgl. *E. Schweizer,* ThWNT VI, 421.

[8] Vgl. *I. Hermann,* Kyrios und Pneuma, 75ff.

[9] Vgl. *U. Schnelle,* Gerechtigkeit und Christusgegenwart, 109ff; *E.P. Sanders,* Paulus, 432–435, verkennt die Bedeutung von ἐν Χριστῷ, wenn er diese Wendung im Anschluß an Albert Schweitzer als den gebräuchlichsten, nicht aber den treffendsten Ausdruck für die Gemeinschaft des Glaubenden mit Christus be-

Vielfalt der ,in Christus'-Aussagen in den paulinischen Briefen erklären und ableiten.

Ein ausschließlich ekklesiologisches Verständnis der ,in Christus'-Wendung legen 1 Thess 1,1; 2,14; 1 Kor 1,2; Gal 1,22; Phil 1,1 nahe. Vornehmlich im Präskript der paulinischen Briefe wird formelhaft die ἐκκλησία (Kirche) als von Christus konstituierte und bestimmte Gemeinde bezeichnet. Ethische Dimensionen haben vor allem die ἐν κυρίῳ (,im Herrn')-Aussagen, wobei eine Affinität zum Imperativ unverkennbar ist (1 Thess 4,1; Phil 4,2 u.ö.). Freilich wäre eine Zuordnung des ἐν Χριστῷ zum Indikativ und des ἐν κυρίῳ zum Imperativ zu schematisch, denn Phil 2,1.5 belegen eine imperativische Bedeutung des ἐν Χριστῷ, während in 1 Kor 11,11 ἐν κυρίῳ indikativisch zu interpretieren ist.[10] Modal sind die ,in Christus'-Aussagen in 1 Thess 5,18; 1 Kor 1,5; 7,22.39; Gal 2,4; Röm 8,2.39; 15,17 zu verstehen. Instrumentale Bedeutung hat ,in Christus' in 2 Kor 2,14; 5,19; Gal 3,14; Phil 4,19. Durch Christus ist die neue Situation des Heils für die Welt heraufgeführt worden. Schlicht im Sinn von ,Christ sein' ist ,in Christus' in 1 Kor 3,1; Röm 16,7.11.13 zu verstehen. Vielfach belegt ist ein abgeschliffener, formelhafter Gebrauch, bei dem ,in Christus' als bloße Redewendung erscheint (vgl. z.B. Phil 3,1; 4,4; 2 Kor 2,17; Röm 9,1; 16,3.9; Gal 5,10; 1 Kor 15,31; 16,24 u.ö.). Einige ,in Christus'-Aussagen lassen sich schließlich überhaupt nicht in Rubriken oder Schemata pressen (vgl. 1 Kor 4,10.17; 2 Kor 12,2).
Die Vorstellungen des Einwohnens Christi (2 Kor 13,5; Gal 2,20; Röm 8,10) und des Geistes (1 Kor 3,16; 6,19; Röm 8,9.11) im Gläubigen sowie des Wirkens des erhöhten Herrn im Christen (2 Kor 11,10; Gal 4,19) lassen sich ebenfalls nur unter der Voraussetzung eines lokal-seinshaften ἐν Χριστῷ-Verständnisses und der Anschauung der pneumatischen Seinsweise und des pneumatischen Wirkens Christi am Gläubigen erklären und sind daraus abzuleiten. So wie der Gläubige im Geist Christus eingegliedert ist, so wirkt Christus in ihm im und als πνεῦμα (Gal 2,19.20; 5,25; Phil 1,19ff). Nach paulinischer Anschauung ist der Christ gänzlich von Christus erfüllt und bestimmt, erschließt sich der erhöhte Herr dem Gläubigen und wirkt wahrnehmbar in dessen Leben. Für diese Vorstellungen der gegenseitigen „Inexistenz"[11] des Glaubenden in Christus und Christi im Glaubenden ist eine räumliche Dimension konstitutiv, die sich weder leugnen noch auf eine lediglich bildhafte Redeweise reduzieren läßt.

Die ἐν Χριστῷ-Vorstellung bringt in ihrer Grundbedeutung einen für Paulus und seine Gemeinden fundamentalen Sachverhalt prägnant zum

---

zeichnet. Nicht überzeugend ist der Versuch von *A. J. M. Wedderburn*, Observations, 88f, aus der Analogie Abraham – Christus „as representative figures through whom God acts towards the human race" (aaO., 91) die ἐν Χριστῷ-Vorstellung abzuleiten, weil die Gestalt des Abraham nicht im Rahmen einer Analogie, sondern einer Typologie bei Paulus erscheint und die Vielfalt der ἐν Χριστῷ-Aussagen so nicht erklärt werden kann.

[10] Gegen *F. Neugebauer*, In Christus, 147ff.

[11] Vgl. *O. Kuss*, Röm II, 563.

Ausdruck: In der Taufe gelangt der Gläubige in den Raum des pneumatischen Christus, konstituiert sich die persönliche Christusgemeinschaft und hat die Erlösung real begonnen, die sich in einem vom Geist bestimmten Leben zu bewähren hat.
Die überragende Bedeutung des Geistes spiegelt sich auch in den Selbstaussagen des Apostels über seine Person und sein Werk wider.[12] Paulus versteht sich als ein vom Geist Ergriffener, der den Geist besitzt und nach der Maßgabe des Geistes lebt. Insbesondere die Auseinandersetzung mit den korinthischen Enthusiasten offenbart das paulinische Selbstverständnis als Pneumatiker. So betont er in 1 Kor 7,40 als Abschluß seiner Weisungen zu Ehefragen: ‚Auch ich glaube aber, den Geist Gottes zu haben.' Pointiert stellt sich Paulus in 1 Kor 2,10–16 auf die Seite derer, die den Geist empfangen haben und sich vom Geist bestimmt wissen. Die Seinen unterrichtet der Geist, so daß die πνευματικοί (Geistbegabten) in der Lage sind, Geistliches zu erkennen, zu empfangen und zu lehren (1 Kor 2,13). Zudem kann der πνευματικός sogar von sich behaupten, alles beurteilen zu können, aber von niemand beurteilt zu werden, weil der Geist in ihm ist (1 Kor 2,15). Wie sehr Paulus in seinen Auseinandersetzungen mit den korinthischen Pneumatikern sich selbst als Pneumatiker verstand, zeigt 1 Kor 14,37f. Hier stellt er sich den Pneumatikern in der Gemeinde mit dem Anspruch entgegen, in einem umfassenderen Maß vom Herrn selbst beauftragt und befähigt zu sein als sie. Für Paulus schafft der Geist Ordnung und setzt Recht, das auch für Pneumatiker gilt. Wer das nicht anerkennt, wird nicht anerkannt (V. 38)! Von dem pneumatischen Bewußtsein des Paulus zeugen schließlich auch die Betonung seiner visionären und pneumatischen Fähigkeiten (1 Kor 14,18; 2 Kor 12,1 ff), wie auch die Bemerkung, daß er den Christus nach dem Fleisch

---

[12] Vgl. *U. Schnelle,* Gerechtigkeit und Christusgegenwart, 161–166. Meine Position wurde von W. Harnisch scharf angegriffen. Er wirft mir einen „handfesten Sakramentalismus" (Rez., 33), die völlige Verkennung des Wortcharakters des paulinischen Rechtfertigungsbegriffes (Rez., 33), eine Vernachlässigung der paulinischen theologia crucis, eine Fehlinterpretation der paulinischen Pneumatologie (Rez., 32) und mangelnde hermeneutische Reflexion vor (Rez., 33). Die Etikettierung meiner Position mit dem Schlagwort ‚Sakramentalismus' ist sowohl historisch als auch hermeneutisch abwegig und dient lediglich der Disqualifizierung einer an den Texten und nicht aufgrund fragwürdiger hermeneutischer Vorentscheidungen gewonnenen Beurteilung der paulinischen Theologie. Historisch ist es für mich unzweifelhaft, daß für Paulus (wie für das gesamte Urchristentum) die Taufe als Ort der Verleihung des Geistes, der Gerechtmachung des Sünders und der erfahrbaren Gegenwart Gottes eine zentrale Rolle spielt. Diesen Sachverhalt sollte man bedenken, nicht aber leugnen.

nicht mehr kenne (2 Kor 5,16). In Gal 6,1 bezeichnet Paulus die Christen als πνευματικοί, und in Phil 3,15 rechnet er sich zu den τέλειοι (Vollendeten), d.h. zu den Pneumatikern. Allerdings hatte er zuvor (Phil 3,12) deutlich gemacht, wie er sein Pneumatikertum versteht, denn hier betont er, das vollständige Heil noch nicht ergriffen zu haben, noch nicht vollendet zu sein (οὐχ ... τετελείωμαι). Der Geistbesitz begründet für Paulus nicht eine habituelle Heilsvollendung, sondern bezeugt die auf zukünftige Heilsvollendung zielende Heilsgegenwart. Zwar decken die Aussagen über Paulus als Pneumatiker nicht das Selbstverständnis des Apostels insgesamt ab (vgl. dazu ferner die Peristasenkataloge 1 Kor 4,9ff; 2 Kor 4,7ff; 6,3ff; 11,21ff, sein Selbstverständnis als Apostel und Diener Jesu Christi, das unbedingte ‚Muß' der Evangeliumsverkündigung 1 Kor 9,16), aber sie sind das hervorstechendste Charakteristikum seiner Person und in *allen* Paulusbriefen sichtbar. Paulus war nicht nur Pneumatiker, er war vor allem Pneumatiker![13]

[13] Die Bedeutung der Pneumatologie für die paulinische Theologie insgesamt formuliert zutreffend *E.P. Sanders,* Paulus, 415: „Tatsache ist ganz einfach, daß wesentliche Aspekte des pln. Denkens aus seiner Auffassung, daß der Gläubige *in Christus* ist und *den Geist* besitzt, nicht aber von der ‚Rechtfertigung aus Glauben' her abgeleitet und verständlich gemacht werden können. Aus diesem Grunde ist es letztlich irreführend, von der Voraussetzung auszugehen, daß die einleitende Argumentation in Gal und Röm den Schlüssel für die gesamte pln. Theologie liefere."

9. Ausblick

Es zeigte sich, daß in zentralen Bereichen der paulinischen Theologie von Wandlungen gesprochen werden kann. Nicht die paulinische Theologie als Ganze hat sich gewandelt, sondern in genau bestimmbaren Themenkomplexen vollzogen sich durch Textanalysen nachweisbare Veränderungen. Unsere Fragestellung verfolgte somit ein begrenztes, zugleich aber sehr präzises Ziel, indem sie herausarbeitete, wo innerhalb des paulinischen Denkens folgerichtige Wandlungen eintraten. Keineswegs liegt es in der Intention dieser Interpretation, die Theologie des Apostels in rein situationsbedingte bzw. konformistische Äußerungen oder in einen allumfassenden Wandlungsprozeß aufzulösen. Im Gegenteil: Die tragenden Elemente des paulinischen Denkens werden erst dann voll sichtbar, wenn zugleich die Wandlungen mitbedacht werden. Wandel und Kontinuität[1] im paulinischen Denken sind nicht als Gegensätze aufzufassen, sondern in ihrer gegenseitigen Bedingtheit zu begreifen und zu interpretieren. Die Vielschichtigkeit der paulinischen Theologie erschließt sich erst, wenn die sie tragenden Grundüberzeugungen und die Wandlungen gleichermaßen für das Verstehen fruchtbar gemacht werden. Weder die Behauptung einer durchgängigen Einheit noch die Annahme ständiger Wandlungen innerhalb des paulinischen Denkens werden der historischen Wahrheit gerecht. Für die Darstellung der Theologie des Apostels ergibt sich als Konsequenz, daß sie nicht nur von theologischen Zentralbegriffen her entworfen werden kann, sondern der historische Ort einzelner Theologumena im Denken des Paulus mehr als bisher berücksichtigt werden muß.

[1] *J. C. Beker,* Paul's Theology, versucht die damit verbundene Problematik durch die Interpretationskategorien ‚Kohärenz' und ‚Kontingenz' zu lösen. Unter ‚Kohärenz' versteht er „Paul's proclamation of the Gospel, i.e., ‚the truth of the Gospel' (Gal 2,5.14)" (aaO., 368), wobei der apokalyptische Kontext dieses Evangeliums konstitutiv ist. Der ‚Kontingenz' weist Beker die soziologischen, ökonomischen und psychologischen Bedingungen der paulinischen Mission zu. Hier liegt zweifellos ein Ansatz vor, von dem eine weitere Klärung der Problematik zu erhoffen ist.

Literaturverzeichnis

Die Abkürzungen entsprechen den Abkürzungsverzeichnissen der TRE und des EWNT.

Aland, K., Neutestamentliche Entwürfe, TB 63, München 1979. Daraus:
–, Der Schluß und die ursprüngliche Gestalt des Römerbriefes, 284–301.
–, Die Entstehung des Corpus Paulinum, 302–350.

Badenas, R., Christ the End of the Law, JSNT.SS 10, Sheffield 1985.
Bammel, E., Judenverfolgung und Naherwartung, ZThK 56 (1959), 294–315.
Barth, G., Der Brief an die Philipper, ZBK.NT 9, Zürich 1979.
Bauer, W., Griechisch-Deutsches Wörterbuch zu den Schriften des Neuen Testaments und der übrigen urchristlichen Literatur, Berlin – New York [5]1958 (Nachdrucke).
Bauer, W.–Paulsen, H., Die Briefe des Ignatius von Antiochia und der Polykarpbrief, HNT 18, Tübingen 1985.
Baumgarten, J., Paulus und die Apokalyptik, WMANT 44, Neukirchen 1975.
Becker, J., Auferstehung der Toten im Urchristentum, SBS 82, Stuttgart 1976.
Beker, J. C., Paul's Theology: Consistent or Inconsistent?, NTS 34 (1988), 364–377.
Berger, K., Die Gesetzesauslegung Jesu I, WMANT 40, Neukirchen 1972.
Betz, H. D., Galatians, Hermeneia, Philadelphia 1979.
Billerbeck, P., Kommentar zum Neuen Testament aus Talmud und Midrasch Bd. I–IV, München 1926–1961 (Nachdrucke).
Blass, F.–Debrunner, A., Grammatik des neutestamentlichen Griechisch, bearb. v. F. Rehkopf, Göttingen [15]1979.
Böttger, P. C., Die eschatologische Existenz der Christen, ZNW 60 (1969), 244–263.
Bornkamm, G., Paulus, Stuttgart [5]1983.
Borse, U., Der Standort des Galaterbriefes, BBB 41, Köln 1972.
–, Der Brief an die Galater, RNT, Regensburg 1984.
Brandenburger, E., Die Auferstehung der Glaubenden als historisches und theologisches Problem, WuD 9 (1967), 16–33.
–, Art. Gericht III, TRE XII, 469–483.
–, Paulinische Schriftauslegung in der Kontroverse um das Verheißungswort Gottes (Röm 9), ZThK 82 (1985), 1–47.
Broer, I., ‚Antisemitismus' und Judenpolemik im Neuen Testament. Ein Beitrag zum besseren Verständnis von 1. Thess. 2,14–16, in: Religion und Verantwortung als Elemente gesellschaftlicher Ordnung (FS K. Klein), hg. v. B.B. Gemper, Siegener Studien, Siegen [2]1983, 734–772.
Buck, C. H.–Taylor, F. G., Saint Paul. A Study of the Development of his Thought, New York 1969.
Bultmann, R., Glossen im Römerbrief, in: *ders.*, Exegetica. Aufsätze zur Erforschung des Neuen Testaments, hg. v. E. Dinkler, Tübingen 1967, 278–284.
–, Theologie des Neuen Testaments, hg. v. O. Merk, Tübingen [7]1977.
–, Der zweite Brief an die Korinther, hg. v. E. Dinkler, KEK Sonderband, Göttingen 1976.

Conzelmann, H., Grundriß der Theologie des Neuen Testaments, ²1968.
–, Der erste Brief an die Korinther, KEK V, Göttingen ²1981.
–, Heiden – Juden – Christen, BHTh 62, Tübingen 1981.

Deissmann, A., Paulus, Tübingen ²1925.
Delling, G., Art. τέλος, ThWNT VIII, 50–58.
Dibelius, M., An die Thessalonicher I.II., HNT 11, Tübingen ³1937.
Dietzfelbinger, Chr., Die Berufung des Paulus als Ursprung seiner Theologie, WMANT 58, Neukirchen 1985.
Dobschütz, E. v., Die Thessalonicher-Briefe, KEK 10, Göttingen ⁷1909.
Dodd, C. H., The Mind of Paul II, in: *ders.*, New Testament Studies, Manchester ²1954, 83–128.
Drane, J. W., Paul. Libertine or Legalist?, London 1975.

Eckert, J., Die urchristliche Verkündigung im Streit zwischen Paulus und seinen Gegnern im Galaterbrief, BU 6, Regensburg 1971.

Fischer, K. M., Das Urchristentum, Berlin 1985.
Friedländer, L., Sittengeschichte Roms I, Leipzig ⁹1919.
Friedrich, G., Das Gesetz des Glaubens, Röm 3,27, in: *ders.*, Auf das Wort kommt es an, Ges. Aufsätze, Göttingen 1978, 107–122.
–, Der Brief an die Philipper, NTD 8, Göttingen 1976, 125–175.
Furnish, V. P., II Corinthians, AB 32A, New York 1984.

Gnilka, J., Der Philipperbrief, HThK X/3, Freiburg ³1980.
Grässer, E., Der Alte Bund im Neuen, in: *ders.*, Der Alte Bund im Neuen, WUNT 35, Tübingen 1985, 1–134.
Grundmann, W., Überlieferung und Eigenaussage im eschatologischen Denken des Paulus, NTS 8 (1961/62), 12–26.
Gülzow, H., Christentum und Sklaverei in den ersten drei Jahrhunderten, Bonn 1969.

Haenchen, E., Die Apostelgeschichte, KEK III, Göttingen ⁷1977.
Hahn, F., Das Gesetzesverständnis im Römer- und Galaterbrief, ZNW 67 (1976), 29–63.
–, Zum Verständnis von Römer 11,26a: ‚... und so wird ganz Israel gerettet werden', in: Paul and Paulinism (FS C.K. Barrett), hg. v. M.D. Hooker u. S.G. Wilson, London 1982, 221–236.
Harnisch, W., Rezension U. Schnelle, Gerechtigkeit und Christusgegenwart, ThLZ 111 (1986), 30–34.
Hengel, M., Zwischen Jesus und Paulus. Die ‚Hellenisten', die ‚Sieben' und Stephanus, ZThK 72 (1975), 151–206.
Hermann, I., Kyrios und Pneuma. Studien zur Christologie der paulinischen Hauptbriefe, StANT 2, München 1961.
Hoffmann, P., Die Toten in Christus, NTA NF 2, Münster ³1978.
–, Art. Auferstehung I/3, TRE IV, 450–467.
Hofius, O., Das Evangelium und Israel, ZThK 83 (1986), 297–324.
Holtz, T., Der erste Brief an die Thessalonicher, EKK XIII, Neukirchen 1986.
Holtzmann, H. J., Lehrbuch der neutestamentlichen Theologie I–II, Tübingen ²1911.

Hübner, H., Das Gesetz bei Paulus. Ein Beitrag zum Werden der paulinischen Theologie, FRLANT 119, Göttingen ³1982.
–, Art. τέλος, EWNT III, 832–835.
–, Gottes Ich und Israel, FRLANT 136, Göttingen 1984.
–, Art. Galaterbrief, TRE XII, 5–14.
Hunzinger, C. H., Die Hoffnung angesichts des Todes im Wandel der paulinischen Aussagen, in: Leben angesichts des Todes (FS H. Thielicke), hg. v. B. Lohse u.a., Tübingen 1968, 69–88.
Hyldahl, N., Die paulinische Chronologie, AThD XIX, Leiden 1986.

Jeremias, J., Flesh and Blood cannot inherit the Kingdom of God, in: *ders.*, ABBA. Studien zur neutestamentlichen Theologie und Zeitgeschichte, Göttingen 1966.
Jewett, R., Paulus-Chronologie, München 1982.

Käsemann, E., An die Römer, HNT 8a, Tübingen ⁴1980.
Kettunen, M., Der Abfassungszweck des Römerbriefes, AASF, Diss. Hum. Litt. 18, Helsinki 1979.
Kim, S., The Origin auf Paul's Gospel, WUNT 2.4, Tübingen 1981.
Klein, G., Art. Gesetz III, TRE XIII, 58–75.
–, Werkruhm und Christusruhm im Galaterbrief und die Frage nach einer Entwicklung des Paulus, in: Studien zum Text und zur Ethik des Neuen Testaments (FS H. Greeven), hg. v. W. Schrage, BZNW 47, Berlin 1986, 196–211.
Koch, D. A., Die Schrift als Zeuge des Evangeliums, BHTh 69, Tübingen 1986.
Kümmel, W. G., Römer 7 und das Bild des Menschen im Neuen Testament. Zwei Studien, TB 53, München 1974.
–, Einleitung in das Neue Testament, Heidelberg ¹⁹1978.
–, Das Neue Testament. Geschichte der Erforschung seiner Probleme, Freiburg ²1970.
–, Das Problem der Entwicklung in der Theologie des Paulus, NTS 18 (1971/72), 457–458.
–, Die Probleme von Römer 9 – 11 in der gegenwärtigen Forschungslage, in: *ders.*, Heilsgeschehen und Geschichte II, Marburg 1978, 245–260.
–, Rudolf Bultmann als Paulusforscher, in: Rudolf Bultmanns Werk und Wirkung, hg. v. B. Jaspert, Darmstadt 1984, 174–193.
Kuhn, H.-W., Jesus als Gekreuzigter, ZThK 72 (1975), 1–46.
Kuss, O., Der Römerbrief II, Regensburg ²1963.
–, Paulus, Regensburg ²1976.

Lampe, P., Die stadtrömischen Christen in den ersten beiden Jahrhunderten, WUNT 2.18, Tübingen 1987.
Lang, F., Die Briefe an die Korinther, NTD 7, Göttingen 1986.
Lang, F. G., 2. Korinther 5,1–10 in der neuen Forschung, BGBE 16, Tübingen 1973.
Lietzmann, H., An die Römer, HNT 8, Tübingen ⁵1971.
–, An die Korinther I/II, HNT 9, Tübingen ⁵1969.
–, An die Galater, HNT 10, Tübingen ⁴1971.
Lightfoot, J. B., Saint Paul's Epistle to the Galatians, London ¹⁰1890.
–, The Epistles of St. Paul III (Colossians, Philemon), London ³1890.
Lindemann, A., Rez. G. Lüdemann, Paulus I, ZKG 92 (1981), 344–349.

–, Erwägungen zum Problem einer ‚Theologie der synoptischen Evangelien', ZNW 77 (1986), 1–33.
–, Die biblischen Toragebote und die paulinische Ethik, in: Studien zum Text und zur Ethik des Neuen Testaments (FS H. Greeven), hg. v. W. Schrage, BZNW 47, Berlin 1986, 242–265.
Löning, K., Der Stephanuskreis und seine Mission, in: J. Becker (Hg.), Die Anfänge des Christentums, Stuttgart 1987, 80–101.
Lohmeyer, E., Der Brief an die Philipper, KEK IX/1, Göttingen [14]1974.
Lohse, E., ὁ νόμος τοῦ πνεύματος τῆς ζωῆς. Exegetische Anmerkungen zu Römer 8,2, in: Neues Testament und christliche Existenz (FS H. Braun), hg. v. H.D. Betz und L. Schottroff, Tübingen 1973, 279–287.
–, Grundriß der neutestamentlichen Theologie, Stuttgart [2]1979.
Luck, U., Die Bekehrung des Paulus und das Paulinische Evangelium, ZNW 76 (1985), 187–208.
Lübking, H.-M., Paulus und Israel im Römerbrief, EHS R. XXIII Bd. 260, Frankfurt – Bern 1986.
Lüdemann, G., Paulus, der Heidenapostel I, FRLANT 123, Göttingen 1980.
–, Paulus, der Heidenapostel II, FRLANT 130, Göttingen 1983.
–, Paulus und das Judentum, TEH 215, München 1983.
–, Das frühe Christentum nach den Traditionen der Apostelgeschichte, Göttingen 1987.
Lührmann, D., Tage, Monate, Jahreszeiten, Jahre (Gal 4,10), in: Werden und Wirken des Alten Testaments (FS C. Westermann), hg. v. R. Albertz u.a., Göttingen 1980, 428–445.
Luz, U., Das Geschichtsverständnis des Paulus, BEvTh 49, München 1968.
–, Zum Aufbau von Röm 1 – 8, ThZ 25 (1969), 161–181.
–, Rechtfertigung bei den Paulusschülern, in: Rechtfertigung (FS E. Käsemann), hg. v. J. Friedrich u.a., Tübingen 1976, 365–383.
Luz, U.–Smend, R., Gesetz, Stuttgart 1981.

Marxsen, W., Einleitung in das Neue Testament, Gütersloh [4]1978.
–, Der erste Brief an die Thessalonicher, ZBK NT 11.1, Zürich 1979.
Mengel, B., Studien zum Philipperbrief, WUNT 2.8, Tübingen 1982.
Merk, O., Handeln aus Glauben, MThST 5, Marburg 1968.
Merklein, H., Die Einheitlichkeit des ersten Korintherbriefes, in: *ders.*, Studien zu Jesus und Paulus, WUNT 43, Tübingen 1987, 345–375.
Michel, O., Der Brief an die Römer, KEK IV, Göttingen [5]1978.
Mussner, F., Der Galaterbrief, HThK IX, Freiburg [4]1981.
–, ‚Ganz Israel wird gerettet werden' (Röm 11,26), Kairos 18 (1976), 241–255.

Nestle, E.–Aland, K., Novum Testamentum Graece, Stuttgart [26]1979.
Neugebauer, F., In Christus. Eine Untersuchung zum paulinischen Glaubensverständnis, Göttingen 1961.
Nissen, A., Gott und der Nächste im antiken Judentum, WUNT 15, Tübingen 1974.

Oepke, A., Der Brief des Paulus an die Galater, bearbeitet v. J. Rohde, ThHK IX, Berlin [3]1973.
–, Art. διά, ThWNT II, 64–69.

–, Art. μεσίτης, ThWNT IV, 602–629.
–, Der Brief an die Thessalonicher, NTD 8, Göttingen [13]1972, 157–179.
Ollrog, W.-H., Die Abfassungsverhältnisse von Röm 16, in: Kirche (FS G. Bornkamm), hg. v. D. Lührmann u. G. Strecker, Tübingen 1980, 221–244.
Osten-Sacken, P. v. d., Die Apologie des paulinischen Apostolats in 1 Kor 15,1–11, ZNW 64 (1973), 245–262.
–, Römer 8 als Beispiel paulinischer Soteriologie, FRLANT 112, Göttingen 1975.

Paulsen, H., Überlieferung und Auslegung in Römer 8, WMANT 43, Neukirchen 1974.

Radke, G., Art. Viae publicae Romanae, PW.S 13, München 1973, Sp. 1417–1686.
Radl, W., Ankunft des Herrn, BETh 15, Frankfurt 1981.
Räisänen, H., Das ‚Gesetz des Glaubens' (Röm 3,27) und das ‚Gesetz des Geistes' (Röm 8,2), NTS 26 (1980), 101–117.
–, Sprachliches zum Spiel des Paulus mit Nomos, in: Glaube und Gerechtigkeit (FS R. Gyllenberg) SFEG 38, Helsinki 1983, 131–154.
–, Paul and the Law, WUNT 29, Tübingen [2]1987.
–, The Torah and Christ. Deutsche und englische Aufsätze zur Gesetzesproblematik im Urchristentum, SFEG 45, Helsinki 1986. Daraus:
–, Paul's Theological Difficulties with the Law, 3–24.
–, Paul's Call Experience and his later View of the Law, 55–92.
–, The „Hellenists" – A Bridge between Jesus and Paul?, 242–306.
–, Römer 9 – 11: Analyse eines geistigen Ringens, ANRW 25.4, Berlin 1987, 2891–2939.
–, Paul's Conversion and the Development of his View of the Law, NTS 33 (1987), 404–419.
Roloff, J., Die Apostelgeschichte, NTD 5, Göttingen 1981.
–, Art. Amt IV, TRE II, 509–533.
–, Art. Apostel I, TRE III, 430–445.

Sanders, E. P., Paulus und das palästinische Judentum, übers. v. J. Wehnert, SUNT 17, Göttingen 1985.
Schade, H. H., Apokalyptische Christologie bei Paulus, GTA 18, Göttingen [2]1984.
Schelkle, K. H., Paulus, EdF 152, Darmstadt 1981.
Schenk, W., Der 1. Korintherbrief als Briefsammlung, ZNW 60 (1969), 219–243.
–, Die Philipperbriefe des Paulus, Stuttgart 1984.
Schenke, H. M.–Fischer, K. M., Einleitung in die Schriften des Neuen Testaments I, Berlin 1978.
Schlier, H., Der Brief an die Galater, KEK VII, Göttingen [5]1971.
Schmid, J., Zeit und Ort der paulinischen Gefangenschaftsbriefe, Freiburg 1931.
Schmithals, W., Die Korintherbriefe als Briefsammlung, ZNW 64 (1973), 263–288.
–, Der Römerbrief als historisches Problem, StNT 9, Gütersloh 1975.
Schnabel, E. J., Law and Wisdom from Ben Sira to Paul, WUNT 2.16, Tübingen 1985.
Schneider, G., Die Apostelgeschichte I, HThK V/1, Freiburg 1980.
Schnelle, U., Gerechtigkeit und Christusgegenwart. Vorpaulinische und paulinische Tauftheologie, GTA 24, Göttingen [2]1986.

–, Der erste Thessalonicherbrief und die Entstehung der paulinischen Anthropologie, NTS 32 (1986), 207–224.
Schnider, F.–Stenger, W., Studien zum neutestamentlichen Briefformular, NTTS XI, Leiden 1987.
Schoeps, H. J., Paulus. Die Theologie des Apostels im Lichte der jüdischen Religionsgeschichte, Tübingen 1959.
Schrage, W., Die konkreten Einzelgebote in der paulinischen Paränese, Gütersloh 1961.
–, Ethik des Neuen Testaments, GNT 4, Göttingen 1982.
Schulz, S., Der frühe und der späte Paulus, ThZ 41 (1985), 228–236.
–, Neutestamentliche Ethik, Zürich 1987.
Schweitzer, A., Die Mystik des Apostels Paulus, Tübingen [2]1954.
Schweizer, E., Art. πνεῦμα D.I.-F., ThWNT VI, 387–450.
Sellin, G., Der Streit um die Auferstehung der Toten, FRLANT 138, Göttingen 1986.
Siber, P., Mit Christus leben. Eine Studie zur paulinischen Auferstehungshoffnung, AThANT 61, Zürich 1971.
Sieffert, F., Bemerkungen zum paulinischen Lehrbegriff, JDTh 14 (1869), 250–275.
Soden, H. v., Sakrament und Ethik bei Paulus. Zur Frage der literarischen und theologischen Einheitlichkeit von 1.Kor 8 – 10, in: Das Paulusbild in der neueren deutschen Forschung, hg. v. K.H. Rengstorf, Darmstadt [2]1969, 338–379.
Storck, G., Eschatologie bei Paulus, Diss. masch., Göttingen 1979.
Strecker, G., Eschaton und Historie. Aufsätze, Göttingen 1979.
Daraus:
–, Redaktion und Tradition im Christushymnus Phil 2,6–11, 142–157.
–, Befreiung und Rechtfertigung. Zur Stellung der Rechtfertigungslehre in der Theologie des Paulus, 229–259.
Stuhlmacher, P., Gerechtigkeit Gottes bei Paulus, FRLANT 87, Göttingen [2]1966.
–, Das paulinische Evangelium. Bd. I: Vorgeschichte, FRLANT 95, Göttingen 1968.
–, Das Gesetz als Thema biblischer Theologie, in: *ders.*, Versöhnung, Gesetz und Gerechtigkeit, Göttingen 1981, 136–165.
–, Der Brief an Philemon, EKK XVIII, Neukirchen 1975.
–, Der Abfassungszweck des Römerbriefes, ZNW 77 (1986), 180–193.
Suhl, A., Paulus und seine Briefe, StNT 11, Gütersloh 1975.

Theißen, G., Soziale Schichtung in der korinthischen Gemeinde, in: *ders.*, Studien zur Soziologie des Urchristentums, WUNT 19, Tübingen [2]1983, 231–271.

Usteri, L., Entwickelung des Paulinischen Lehrbegriffs mit Hinsicht auf die übrigen Schriften des Neuen Testamentes. Ein exegetisch-dogmatischer Versuch, Zürich [2]1829.

Vielhauer, Ph., Geschichte der urchristlichen Literatur, Berlin 1975.
–, Oikodome, in: *ders.*, Oikodome. Aufsätze zum Neuen Testament Bd. 2, hg. v. G. Klein, TB 65, München 1979, 1–168.

Watson, F., Paul, Judaism and the Gentiles, SNTS.MS 56, Cambridge 1986.
Wedderburn, A. J. M., Some Observations on Paul's Use of the Phrases ‚In Christ' and ‚With Christ', JSNT 25 (1985), 83–97.
Weiser, A., Die Apostelgeschichte, ÖTK 5/1.2, Gütersloh 1981/1985.
-, Zur Gesetzes- und Tempelkritik der ‚Hellenisten', in: Das Gesetz im Neuen Testament, hg. v. K. Kertelge, QD 108, Freiburg 1986, 146–168.
Weiß, J., Der erste Korintherbrief, KEK V, Göttingen [9]1920.
Wendland, H. D., Das Wirken des Heiligen Geistes in den Gläubigen nach Paulus, ThLZ 77 (1952), 457–470.
Wiefel, W., Die Hauptrichtung des Wandels im eschatologischen Denken des Paulus, ThZ 30 (1974), 65–81.
Wikenhauser, A.–Schmid, J., Einleitung in das Neue Testament, Freiburg [6]1973.
Wilckens, U., Der Brief an die Römer, EKK VI/1.2.3, Neukirchen 1978/1980/1982.
–, Zur Entwicklung des paulinischen Gesetzesverständnisses, NTS 28 (1982), 154–190.
Windisch, H., Der zweite Korintherbrief, KEK VI, [9]1924, neu hg. v. G. Strecker, Göttingen 1970.
Wischmeyer, O., Das Gebot der Nächstenliebe bei Paulus, BZ 30 (1986), 153–187.
Wolff, Chr., Der erste Brief des Paulus an die Korinther, ThHK 7/II, Berlin 1982.
Wrede, W., Paulus, in: Das Paulusbild in der neueren deutschen Forschung, hg. v. K.H. Rengstorf, Darmstadt [2]1969, 1–97.

Zahn, Th., Einleitung in das Neue Testament I, Leipzig [2]1900.
Zeller, D., Der Brief an die Römer, RNT, Regensburg 1985.

Bibelstellenregister (in Auswahl)

Autorenregister